保健室コーチングに学ぶ!

養護教諭の「現場力」

ハートマッスル
トレーニングジム代表
桑原 規歌 著

「癒しの場」を「教育の場」にチェンジする35の事例

子どもが持ち込む
あらゆる悩みを
学びのチャンスに変える
原理原則の
スキルが分かる!

その子を本当に受け容れているから
叱ることができるんです

明治図書

はじめに

　昨今，子どもたちの状況が大きく変化し，教育現場においても，これまで有効とされてきた指導方法，関わり方では対応できなくなっています。

　こうした現状の中，多くの人が「もっと引き出しを増やさなきゃ」「この現状に対応できる新しい手法を探さなきゃ」と考えていらっしゃいます。

　私は，そのような傾向に，少しだけ「待って」と申し上げています。

　「アプローチの方法をたくさん学ぶこと（引き出しをたくさん持つこと）は決して悪いことではありません。でも，自宅に100も200も引き出しがある箪笥を思い浮かべてください。どこに何が入っているか分からなくて，かえって使いにくいのではないでしょうか」

　現場に置き換えると，素晴らしい手法を入れたたくさんの引き出しから，いざ，手法を取り出そうとしても数が多すぎて，何を使ったらいいのか困ってしまうという状況です。実際にたくさんの知識やスキルをもっているのに，まったく現場で活用しきれていないという方もあります。

　では，知識やスキルをちゃんと生かすためには，何が必要なのでしょうか？

　その答えは，一言で言うと「多くの手法や指導方法という引き出しの根本を束ねる"本質的な原理原則"を理解すること」に他なりません。

　この本では，これまで専門書で伝えられてこなかった
・公的な手引書を「読み解く」ための根底となる考え方
・養護教諭として現場で教育的実践をしていくための本質的な原理原則
をお伝えしています。

　Chapter 3では，原理原則を活用した具体的な子どもたちへの関わりの実践例も豊富にご紹介しました。

　皆様の教育的実践のバイブルになれば幸いです。

2015年2月

桑原規歌

もくじ

はじめに　3

Chapter 1　こんな養護教諭になりたい！

1 ビジョンをもつことの大切さ　7
2 ビジョンを明確にする紙上レッスン　9
3 あなたのビジョンを保健室経営に反映しよう！　11

Chapter 2　養護教諭に要求される必須スキルはこれだ！

1 子どもたちの育ちをサポートする「アプローチ力」　14
2 「カウンセリング力」「コーチング力」を束ねる「保健室コーチング」　17
3 リーダーシップを発揮するための教師・保護者との連携スキル　34

Chapter 3　事例で学ぶ！養護教諭の「現場力」

ココロとカラダの悩み
❶ 思い込みで体調不良になってしまう中1男子生徒　38
❷ 過呼吸を起こした中2女子生徒　40
❸ 緘黙傾向の女子高校生　42

❹ 不快なことがあるたびに来室する特別支援が必要な男子高校生　44
❺ 家族間の悩みを抱える中３女子生徒　46
❻ 保健室に来てもなかなか悩みを話し出せない小６女子児童　48
❼ 誰にも言えない想いが原因で頭痛を起こした高校生　50
❽ 部活と勉強の両立に悩む中３女子生徒　52
❾ 気になる頻回来室の男子高校生　54
❿ 倦怠感で保健室にやってきた中２女子生徒　56
⓫ 受験が不安で家から出られなくなった中３男子生徒　59
⓬ 人と関わるのが面倒だと訴える中１女子生徒　62
⓭ 体調不良で来室が続く小６女子児童　65
⓮ 早退を嫌がる特別支援の必要な女子高校生　68
⓯ 身体的特徴で友達にからかわれる小６男子児童　70
⓰ 肥満傾向の高校生　72

人間関係トラブル

⓱ 友達に怪我をさせた中２男子生徒　74
⓲ 彼の気持ちが分からないと泣きじゃくる中２女子生徒　76
⓳ 友人に裏切られたと落ち込む中２女子生徒　78
⓴ 友人トラブルから教室へ行けなくなった中２女子生徒　80
㉑ 友人のＬＩＮＥいじめを止められない女子高校生　82
㉒ 部活動内のトラブルから部活へ行くのを嫌がる中１女子生徒　84
㉓ 彼との関係がぎくしゃくして悶々としている女子高校生　86

進路・学習相談／保護者・教師間対応

㉔ 志望校が決まらない中２男子生徒　90
㉕ 電車通学なら進学は無理だと悩む中３男子生徒　92
㉖ 志望校を決めようとすると混乱してしまう中２女子生徒　94
㉗ 県大会出場をめざす女子高校生　96
㉘ 宿題になかなか取り掛かれない小４男子児童　98
㉙ 勉強が分からないという小５男子児童　100
㉚ 子どもの態度に腹を立てる小５児童の保護者　103
㉛ 子どもの人間関係について相談にきた小５児童の保護者　106
㉜ 登園しぶりの４歳児の相談に来た保護者　108
㉝ 多動傾向の２歳児に手を焼く母親　110
㉞ 不登校児童への対応に悩む学級担任　112
㉟ 職場での同僚の態度に困っている教師　114

COLUMN ① 「ＮＬＰ心理学」って何？①　67
　　　　　② 「ＮＬＰ心理学」って何？②　71
　　　　　③ 「保健室コーチング」って何？　89

付録　実践事例で活用されている用語＆ワーク 全部紹介！

呼吸ペーシング　116
あるあるレンジャーカード　116
質問カード　116
人生の魔法カード　117
未来の椅子　117
スモールステップコーチング　117

ふみふみフレーミング　117
ポジションチェンジ　118
スタジアムビューイング　118
４つの椅子　119
未来へのタイムライン　119

こんな養護教諭になりたい！

1 ビジョンをもつことの大切さ

　「保健室経営」を考えるとき，ともすると，「何をするか」「いつやるか」「どうやってやるか」に焦点がいきがちです。「経営案は立てたが，活動のよりどころとなってない」いうケースも多々あります。

　経営案を立て，作成することはとても大切なことですが，それ以前に「養護教諭としてのビジョン」は明確でしょうか？　ビジョンとは，立ち戻る基準点でもあります。航海に例えるなら，進むべき方向を判断する「北極星」です。目の前のことに振り回されそうになっても，基準点があれば，ぶれることはありません。その意味からも，ビジョンのない「戦略・行動計画」はあり得ないのです。そして，「そのビジョン」は，学校保健法や養護教諭執務の手引きに書いてある「養護教諭とはかくあるべき」というものではなく，「あなた自身」の中にある「願いの源泉」から生まれるものです。

　多くの養護教諭は，子どもたちに何かしらの影響を与えたいと願っていらっしゃいます。

　では，影響力のある人とは？　知識や指導方法をたくさんもっている人でしょうか？

　もちろん，プロとしての力量を上げるうえで，「専門知識」「手法」を身に付けることは大切なことです。しかし，子どもたちに影響を与えるのは，大人が与える「情報」と「情報を与える手法」（DO）ではなく，関わりの一つ一つの背景にある「想い」や「感情」「在り方」（BE）という非言語です。子どもたちは，非言語の部分から「生き方」や「価値」を体で感じて影響を受けているのです。大人自身がビジョンを明確にしていく作業は，自己と向き合い，自分の在り方を問い続けることでもあります。

　その「問い続ける姿」から感じる人間としての深みこそが真の影響力です。

保健室という現場で子どもたちに影響を与える養護教諭も，その職を通して何をしようとしているのかが明確でないままに，どんな実践をしようが，その影響力は小さくなってしまいます。

　筆者が主催する養護教諭向けの講座では，よく次のような問いかけをしています。

> あなたは，養護教諭という職を通して，何をしたいのですか？
> あなたは，一人の人間として何を大切にし，どう生きたいと願っていますか？
> 人生の多くの時間を費やす「仕事」「職」を通して成し遂げたいことは，あなたが求める人生や生き方とどのように関係がありますか？
> 自分が思っている以上の可能性があるとすると，あなたは今以上に，何ができますか？　それによって，人生にどんな変化が起きるでしょうか？

　即答できない問いもあります。また，経験とともにその答えも変化する問いもあります。
　即答できることがよいのではなく，大切なのは，常に問い続け，自己と向き合うこと。そのことこそが，仕事と人間そのものの深みにつながります。

　ビジョンをもつことと影響力の大きさについてご理解いただけたところで，ここからは，ビジョンを明確にするための紙上レッスンをしながら，学んでいきましょう。

2 ビジョンを明確にする紙上レッスン

　ビジョンとは，「将来の見通し，構想，未来像」を言います。具体的には，「経営理念に謳われた経営姿勢や存在意義に基づき，ある時点までに，こうなっていたいと考える到達点」と言い換えることができます。

　私が代表を務めるハートマッスルトレーニングの保健室経営力のコースでは，ビジョンを明確にし，自分の仕事の方向性を定めるために様々なワークを行います。ここでは，紙上でできる簡単なワークをご紹介します。別ノートを用意され，書き出してみてください。一人でもできますが，質問項目だけを，第三者に読んでいただくとより効果的です。一度やればよいというものではなく，半年に１回くらいのペースでやってみると，少しずつブラッシュアップされていきます。

思考を柔軟にする"もしもワーク"①

1　もしも，あなたが校長先生になったら，どんな学校をつくりたいですか？　思いつくままに，自由に想像し，書いてみましょう。
2　その学校で育った子どもたちは，どんな学びを得ていますか？
3　その学びによって，さらにどんなよいことが起きるでしょう？
4　それが実現することで，回避できることは何ですか？

思考を柔軟にする"もしもワーク"②

1　もしも，あなたの好きなように（思い通りに）保健室を運営していいよと言われたら，あなたはどんな保健室経営をしますか？
　・壁やカーテンの色や保健室の位置，広さ，室内の配置，レイアウト，ほしい備品……自由に発想しましょう。
　・他の職員や保護者，地域に何を要望しますか？
　・何かつくりたい決まりはありますか？
　・子どもたちとはどんなふうに関わっていますか？

・その他，特にこうしたい，というものはありますか？
2　以上のことが実現することで，あなたが得るものとは何でしょう？また，回避できるものは何でしょう？

┌───┐
　あなたの願いの源泉とビジョンを明確にするワーク
1　あなたはなぜ，養護教諭になろうと思ったのですか？
2　あなたが今のまま10年たって，一番後悔することは何ですか？
3　あなたが，養護教諭という職業を通して一番伝えたいメッセージは何ですか？　30文字以内で書いてみましょう。
4　あなたにとって，保健室の存在意義とはどういうものですか？
5　あなたが，保健室経営をするにあたって最も重要な価値観とは何ですか？
6　あなたが描く理想の保健室経営を具体的に描いてみましょう。
　・学校保健の立場から見て，学校全体がどのように動いていますか？
　・学年や学級との連携はどのようになっていますか？
　・養護教諭として学校全体や家庭や地域にどのように働きかけ，関わっていますか？
　・保健室でどのように子どもたちに関わっていますか？
　・子どもたちは健康課題をどのようにクリアしていますか？
出典：ハートマッスルトレーニングジム「保健室経営力現場力ステップアップコーステキスト」
└───┘

　ここまでのワークで，あなたが養護教諭として大事にしたいことがおぼろげながらでもみえてきたでしょうか？　あなたがめざす保健室経営の方向性が具体的にイメージできると，その実現のための経営戦略（教育実践）が明確になります。

Chapter1　こんな養護教諭になりたい！

3　あなたのビジョンを保健室経営に反映しよう！（経営戦略・教育実践計画）

　ビジョンが明確になって，初めて経営戦略・教育実践計画を立てていきます。
　今から3年後，5年後の理想の保健室経営にたどり着くには，どういう実践をしていくか，どういう能力をつけていくべきか，そのためには「具体的に」どんなことをしていくのか？という視点で考えていきます。それによって，どんな実践をしても「着地点」が同じとなり，実践に一貫性が生まれます。一貫性が生まれると，説得力，影響力が大きくなります。

(1)　行事や保健指導をどう構築するか

　ハートマッスルトレーニングジムの「保健室経営力コース」では，行事や授業の企画をするうえでの大切な視点として，次の点を挙げてお伝えしています。
・養護教諭として何を伝えたいのか？
・何に危機感をもっているのか？
・その授業や行事は，保健室経営で願う子どもたちの姿，経営理念や保健室経営目標と連動しているか？
・この行事を通して，何に気づいてほしいのか，あるいはどんな変化を起こすのか？（意識を変えたいのか，行動を変えたいのか，知識をもたせたいのか，心情を育てたいのか？）
・そのために，どんなコンテンツをつくり，どんな仕掛けをするのか？
・保健指導部会をどう動かすのか？
・他の組織の協力は必要か？（すべての教育活動はつながっているという視点で協力を依頼するのか？）
・他の職員に何をお願いして，学校全体をどう巻き込むのか？
・外部からの講師が必要な場合，その講師にどこまで何を求めるのかを明確にしているか？
・それをどのように今後につなぐのか，学級や学年での取り組みにつなぐのか？

構築の手順① 実態把握・情報収集・ニーズ分析

・子どもたち（あるいは保護者や教師）のニーズは何か（伝えたい内容と実態のマッチングの検証）？
・そのニーズを解決するためにどんな知識・体験などを提供するか？
・担任や学年のとらえ方は？
・変化の方向性は？
　　※スタートの状態の知識・感情・行動はどんな状態であるか？
　　※ゴールの状態における知識・感情・行動はどんな状態にしたいのか？

構築の手順② 本質的課題の把握

・子どもたちの実態や願いと担任の想いなどのギャップはないだろうか？
・表面的に表れている問題や課題の裏側にある本質的な問題はないか？
・子どもたちの現状やニーズをつかむための具体的な情報収集の方法はどうするか？

構築の手順③ 変化のためのシナリオマップの作成

・実態をスタートとし，ゴール（授業後終了時の子どもたちの状態）を決める。
・ゴールに向け，子どもたちに起こしたい「変化」のためにはどんな仕掛けが必要かを考えながら，スタートとゴールの間を埋めていく。

(2) 保健室レイアウトをどうするか？

　ビジョンに向かっての保健室経営実現のために，実際に活動するための場としての保健室レイアウトを考えていきます。これまでの流れから，あなたが仕事で一番価値を置いていることを具現化できるレイアウトにしていくということは大前提となります。

　具体的にどうレイアウトするかを考えていく視点として，筆者ともに「保健室経営力コース」の講師を務めている「よつば暮らしデザイン室」佐藤百世氏の提案も加えながら次のようにまとめてみました。

> **保健室レイアウトのための視点**
> ① 仕事の目的を明確にする（ここでは，保健室経営のビジョン）
> ② 誰が何をするところかを具体的にする
> ③ その場で，自分自身が味わいたい（または来室者に味わってほしい）感情や感覚を明確にする（ゆっくりできる，安心する，冷静になれる，落ち着ける……など）
> ④ その感情や心理状態になるために，必要なものをイメージする
> ⑤ 一番効率的に動けるのは，どういう配置かイメージする
> ⑥ 常に一定の状態に保っておくための工夫を考える
> ※仕分け，分類する（仕事の効率化を視点に入れて）
> ※収納する（仕分けしたものに住所を与える）
> ※整頓する（決められた位置にきれいに並べる）
> ※片付け（使ったものを元に戻す）

　保健室のレイアウトは，学校の規模，保健室の立地条件，生徒の状況などによって，まちまちですので，「これがベスト」というものはありません。しかし，ビジョンが明確であり，自分が何をしたいと思って養護教諭をしているのかが明確であれば，その状況の中で「ベター」なレイアウトをつくり出すことができます。

養護教諭に要求される必須スキルはこれだ！

1 子どもたちの育ちをサポートする「アプローチ力」

　保健室という場は，当然のことながら，「教育の場」です。昨今，保健室を「癒しの場」とか「逃げ場」などの言葉で表現される傾向もあるようですが，根本にあるのは「教育」であり，一般のカウンセリングルームやセラピールームや心理療法の場とは根本的に違うことを意識しておく必要があります。また，保健室は，WHO（世界保健機関）の21世紀の健康戦略「ヘルスプロモーション※」の役割の一端を教育現場で担うという役割をもっています（※ヘルスプロモーションとは，人々が自らの健康とその決定要因をコントロールし，改善することができるようにするプロセスのこと）。

　言い換えれば，「保健室のアプローチは，生涯にわたる健康の基本的姿勢へとつながる重要な意味をもつ」ということになります。

　いきなり大きな役割を掲げてしまいましたが，日々の現場においては，「子どもたちが，ベターな状態で教育を受けることができるためのサポート」をすることが大きな目的になります。来室した児童生徒が持ち込んだ「問題や課題」を「学びのチャンス」に変えることで，生きる力を引き出すサポートをしていく役割をもっています。あるいは，以下に挙げる教育の様々な場面を「学びのチャンス」に変換して，「子どもたちの心身の健康のための実践力を高める」という役割があると言えるでしょう。

(1) 保健室における育ちのサポートの場面

　保健室で，「育ちのサポート」ができる場やチャンスは，具体的にどんな場面にあるでしょうか？　保健室の機能，養護教諭の職務から考えると，次の8つが挙げられます。

> - 健康診断や発育測定
> - 心と身体に関する相談活動
> - 保健指導,保健学習
> - 怪我や病気への対応(応急処置)
> - 環境整備
> - 健康に関する情報受信と発信
> - 学校保健組織活動(保健部会,児童生徒保健委員会など)
> - 学校組織活動(学校行事や会議を含む)

　では,以上の8つの場面を「学びのチャンス」としたとき,子どもたちはそこで何を学ぶことができるでしょうか?

(2) 保健室での関わりによって子どもたちの何が「育つ」のか?

　最近では,様々な疾病や健康問題,複雑な家庭環境を抱えた子たちが増えています。子どもたちを取り巻く状況は,今後もさらに複雑となり,様々な問題が絡み合い,根深いものをもったものになっていくと考えられます。

　こうした背景の中,保健室の対応でも,「これまで経験的にやってきた方法では子どもたちの健康課題に対応できない」と感じている養護教諭の先生方も多いのではないでしょうか?

　筆者が携わる養護教諭向けの研修会やセミナーでは,保健室でのアプローチを通して,次のような「育ち」をサポートできると考えています。

> - 自分の中に,かけがえのない価値と可能性があるという「感覚」
> - 自分の現実を受け入れたうえで,人生は生きる価値があり,チャレンジする価値があるという「感覚」
> - 自分の中にある制限や思い込み,思考パターンに気づき,新しい視点を得て,生活に生かすことができる「気づきの力と視点の切り替え」

- 心身の健康と生涯にわたる健康を推進するための知識を自分の生活に生かす方法を自分で考え，計画し，行動するための「日常の実践力」
- チャレンジングな状況に対して，自分自身の見方ややり方，考え方を変えることができる「柔軟性」
- 周りに期待するのではなく，自分自身から環境（自分以外のもの）に働きかけることができる「能動的思考」

(3) 子どもたちが自ら解決する力をつけよう

養護教諭のアプローチのポイントは，

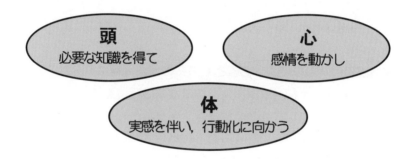

という，「頭と心と体の3つの視点で関わることができる」ということにあります。

脳科学では，人間に変化が起きるのは，常に，頭ではなく「感覚」が動いたときと言われています。保健室に来室する子の多くが「感覚的」で「言語化することが苦手」であり，「感情が身体症状として表れる」という特徴があります。「自分の内面で何が起きているのか」すら，分からないという混乱状態でやってくる子も少なくありません。

その混乱している頭の中を「整理」してあげることで，子どもたちは「思いこみ」や「制限」に気づき，それだけで，感情に変化が起き，身体症状を和らげていきます。この状態から，さらに目標を明確にすることで，それに

向かっての行動化へのアプローチをすると，子どもたちは自分の「苦しい（と思っていた）出来事」を学びのチャンスに変え，自ら行動して，現実に対応していくという学びの体験をすることができます。これは，「子どもたちの気づき」をうながし，具体的な行動の方法を自ら生み出していくための「伴走」をするというコーチング的スタンスでの関わりです。

　コーチングの「魚をあげれば，その人は，1日食うに困らないが，魚のとり方を教えれば，その人は，一生食うに困らない。さらに一歩進んで，魚のよりよいとり方（自分に一番あった方法）を，自分自身でつくり出すためのサポートをする」という概念に基づいてアプローチをしていきます。

　子どもたちの心身の健康課題が多様化する社会状況においては，「過去と問題点」にフォーカスした関わりから，自らの現状を受け入れ，そこからどうするのか，具体的に行動するという「未来」に焦点を当てた思考を育てる関わり方が求められているのです。

2 「カウンセリング力」「コーチング力」を束ねる「保健室コーチング」

　子どもたちの健康課題が非常に複雑な背景をもつようになってきていると，前項で述べました。それにともなって，スクールカウンセラーの配置などがすすめられていますが，大きな成果は上がっていません。

　特にこの数年，多くの教育現場の方々が感じているのは，次の点ではないでしょうか？

　「これまでのように，"問題"を分析して"原因"をつきとめ"原因となる要因を取り去る"だけでは，ほとんど解決に至らない」

　この状況を打開すべく，熱心な養護教諭や学校保健に関わる研究者たちが，事例検討会や指導法やアプローチ法についての研究を進めていますが，それらについて述べる前に，まずは，今の子どもたちの問題の背景理解のための最新の概念を述べたいと思います。

(1) 1＋1＝2にならない？「複雑系」の現代社会

　15年ほど前から，社会において「複雑系」という言葉が使われるようになりました。「複雑系」とは，違う性質をもったものが2つ以上合わさると，どちらの性質でもない新しい性質をもつことを言います。子どもで言えば，AとBという別々の子どもは当然別々の性質をもっていますが，AとBが一緒にいると，この2人にはない新しい性質（雰囲気や空気感）が表れる，という考え方です。そもそも人間そのものが単に細胞の集まりではなく，「心」を伴った複雑な存在なのですが，1人が2人になるだけでも，お互いに引き出されるものがあり，さらにそこにもう1人，2人と加わると，また新たな「空気」が生まれ，影響し合います。

　例えば，学校で以下のような現象を経験されたことはないでしょうか。

- このクラスには，リーダーシップをとれる生徒が集まっているのに，なぜかうまく機能しない。思ったようなクラスにならない。
- 学級経営ができない先生のために，問題の少ないと思われるおとなしい生徒を集めたはずなのに，また学級崩壊が起きる。
- 男子が荒れている学年と女子が荒れている学年では，学力への影響の大きさが違ってくる。
- たった2人の人間関係が，グループの動きに影響し，さらに学級全体に影響する。
- 1つの部活内のトラブルが，学年全体の雰囲気に影響する。
- 家庭と家庭のトラブルが，学級や学年全体の雰囲気を変えてしまう。
- ネット上で起きた問題が，他地区の学校まで巻き込んだ大きな騒動になる。

　こうした状況を背景に，体調不良や不適応などを起こし保健室にやってくる子もいます。その原因を，現場ではついつい「担任の指導力がない」「子ども同士の相性が悪い」などの短絡的な原因に特定してしまいます。

しかし，子どもたちを取りまく様々な場面では，「無意識の相互作用」という視点で子どもたちの問題を見ると，先ほども述べたように，一つの小さな動きが，全体に大きな影響を及ぼしていることが見えてきたり，問題の背景にある事柄が複雑に絡み合っていたりすることが分かります。担任や学年スタッフではない客観性をもった立場の養護教諭として，子どもたちの問題に関わっていく際には，この概念を理解したうえで，単に「原因探し」「原因排除」という関わりにならないように注意が必要です。

繰り返しますが，このように様々な問題が複雑に絡み合った状況下では，これまでの直線的分析思考（問題を分析し，原因を突き止め，その原因を取り除くための教育的方法を考え，実践し，解決を試みる）では，多くの健康課題が解決できなくなっていることを心にとめておかなくてはなりません。子どもたちを取り巻く環境がもっとシンプルであったころには，この思考法をもとにした教育的実践によって解決することができましたが，複雑化が進んでいる今後は，さらに難しくなってくると思われます。

さらに，こうした相互作用は，サポートをする側と育ちのサポートを受ける側にも起きています。このことは，保健室において子どもたちの育ちをサポートする養護教諭が様々なアプローチをする際に，それが機能するかどうかを決める大きなポイントとなります。カウンセリングやコーチングなどのスキルや知識をたくさん学べば，教育的効果が上がるという時代ではないのです。せっかく学んだスキルや知識が，生きて働くようになるための根本の部分となります。ここからは，その点について述べたいと思います。

(2)　「本音から出る裏メッセージ」の影響力を知る

保健室でのサポートが効果的に機能するための第1の視点は，サポートする側の「本音から出る裏メッセージ」の部分に目を向けることです。

最新の脳科学では，人間は，言葉のコミュニケーションと同時に非言語（無意識）におけるコミュニケーションもしており，その影響力は非言語コミュニケーションの方が絶大に大きい，ということが解明されつつあります。

「無意識の相互作用」は，この非言語（無意識）レベルで起きているコミュニケーションが引き起こしています。
　ここでは，保健室でのサポートという視点から，「育つ」と「育てる」の違いがもたらす影響力の違いということを例にとって説明します。

あなたは，子どもたちを「育てたい」と願っていますか？
それとも，子どもの「育ち」に「伴走する」と考えていますか？
そして，この違いがもたらすものは何でしょうか？

　そもそも「育つ」という言葉には，植物の種や動物の卵のように，「その子がその子らしく生きて成長するためのすべての要素がその子の中に存在している」というとらえが前提となっています。基本スタンスが，「育つ」ためのサポートとは「子どもが本来もっている力を引き出す」「子どもの潜在的な力が伸びていくための伴走をする」です。
　このように，相手の潜在的能力への絶対的信頼が大人側にあれば，子どもたちの中にある「自立」と「問題解決力」が引き出され，彼らは伸びていきます。なぜなら，人間は，自分がどんな状況であろうが「あなたの中にちゃんと答えはある」という，その無意識レベルの信頼に応えるからです。
　しかし，養護教諭の中に時折みられるのが，「何をしてあげられるか」という奉仕的なスタンスです。こうしたスタンスに対しては，子どもたちは無意識に「育ててもらう対象」「助けてもらえる弱い対象」として存在します。結果として，子どもたちの中にある「依存心」を引き出してしまいます。
　支援する側が「自分は子どもに何かをしてあげる」存在として関わるとき，

子どもたちには「あなたは自分で自分の問題を解決できない存在だ」「あなたには弱くて力のないかわいそうな存在だ」という裏メッセージが伝わります。すると子どもは，養護教諭の前で，弱くてかわいそうな存在として（自分の中にある依存的な自分を引っ張り出して）依存してきます。

筆者が関わっている教育関連講座や研修では，子どもたちの「育ちのサポート」を次のような言葉で表現しています。

その子にとって影響力のある大人が，その子をどのような存在として扱うかという無意識のメッセージに，その子は鏡のごとく反応します。
保健室におけるサポートとは，子どもの潜在的能力を信頼し，その子なりのペースに合わせて伴走することです。

実践のよい，悪いではなく，まずはスタンスの部分への問い直しが必要なのです。

(3) 「保健室は甘やかしの場」といわれる真因は何か？

「保健室で子どもと関わっていることに関し，他の教師や管理職から"甘やかし"と言われる」という養護教諭の悩みをよく耳にしますが，この点についても，実は同じようなことが「無意識レベル」で起きているのです。この項でもう少し掘り下げることで，子どもたちへの関わりにおいて大切な視点をもっていただこうと思います。

「甘やかしている」と言われる養護教諭と子どもの間で起きていることの多くは「共依存関係」です。多くの場合，「してあげること」が愛情であるという思い込みが引き起こしています。感受性が強すぎる方に多いのですが，

「受容と共感」という，本来なら自分の状態をニュートラルに保ったうえで行われるべきものが，相手の感情と自分の感情の境目をなくしてしまう「同一化」という状況になってしまうのです。子どもにしてみれば「かわいそうな自分」を出し続け，その状態に居続けることができるメリットを無意識レベルで感じています。「先生だけが僕のことを分かってくれる」という，一見，教師冥利に尽きる言葉が出ているとしたら，それは共依存である可能性が高いと言えるでしょう。

依存される養護教諭は，その言葉，その状況に「自分の存在価値」を見出してしまうことがあります。相手の感情と同一化し，相手と自分の境界線をなくている状態が行き過ぎるとき，保健室において「共依存関係」が生まれてきます。一般の先生，管理職はこの関係性を「サポートではなく"甘やかし"」と感じてしまうのです。

担任や学年の先生，あるいは管理職から「甘やかしではないか」と言われる真因は，ここにあります。養護教諭の立場を分かってもらえないと嘆く前に，アプローチのスタンスを見直してみる必要があるのかもしれません。

筆者は次のような言葉で表現しています。

「受容」と「共感」とは，相手の感情にとりこまれて一緒に泣いてあげることではありません。それは近所の世話好きな人がやること。プロなら，相手がどんなどん底の状態にあっても同一化することなく，自分の感情と相手の感情を区別して，ニュートラルに相手の内面を理解し，相手の可能性に絶対的な信頼をおいて関わります。

「どんなサポートをするか」の前に，人間と人間が関わる際の深いレベルでおきている現象について理解し，養護教諭自身が深いレベルで「相手をどのように扱っているか」を次の視点から客観的に見直してみることが必要です。

> ☑「育ち」の主体は，あくまで「子ども自身」になっているか。
> ☑「保健室におけるサポート」とは，「助けること」ことや「してあげる」ことではない。明確な目的をもって「伴走する」ことであるというスタンスをとっているか。
> ☑相手のことを本当に受け容れていれば，叱ることも厳しいことも言える。受け容れるとは，好きになるとか，何をしても許すという意味ではない。相手のことを本当の意味で受け容れているかどうか。

プロの教育者である養護教諭は，集団での関わりにおいても，個別の関わりにおいても，この視点をしっかりもっておく必要があります。

(4) スキルや手法がすばらしいのではない

それでは，様々な健康課題をもった子どもたちに関わるために，養護教諭に必要とされるアプローチ力とはなんでしょうか？　次に挙げてみました。

> ・相手がもつ「潜在的な生きるチカラ」への絶対的信頼
> ・ニュートラルな状態で物事を大局的に見る視点
> ・養護教諭自身の状態管理
> ・本来の意味の「受容と共感」
> ・気づきを起こす「脳科学的傾聴」
> ・行動化と習慣化への道のりに伴走する「コーチング力」

単に知識がある，何かしらの心理の資格がある，たくさんのスキルを知っ

ている，というだけでは，子どもたちの複雑化した課題に対応できなくなっています。せっかくの資格やスキルが機能するために，もっと大切な根本的なことがあることを知っていただきたいのです。

　様々な研修会でも，筆者は次のような原則をお伝えしています。

何かの手法や理論が素晴らしいのではありません。本当に素晴らしいのは，人間がもつ可能性そのものです。

　カウンセリングがよいのか？コーチングがよいのか？という二元論的な話をしているのではありません。どんな手法を使おうが，それを束ねる「深遠なレベルの人間理解」が根本にあり，支援する人が「相手の可能性を心から信じている状態」での関わりを重ねることで，スキルや経験が「本物のプロとしての知恵」となることを忘れてはなりません。本当に大切なことは，外から得た知識ではなく，自らの現場経験を通し，体得したことなのです。

　それを踏まえたうえで，次の項では，保健室におけるカウンセリングとコーチングのポイントについて述べていきます。

(5) 「脳科学的傾聴」で子どもの思い込みを引き出す

　「甘やかしの場といわれる真因」の項で，同一化について触れました。学校カウンセリングでも，「受容と共感と傾聴」がアプローチの基本であるといわれます。全くそのとおりなのですが，同一化する養護教諭の多くは，この「傾聴」の段階で，同一化してしまうことが，筆者が全国の養護教諭を対象に開催している講座や資格コースで分かってきました。

　傾聴における「受容と共感」が本来の意味とかけ離れ，「やり方」だけが

独り歩きしてしまった感があります。受容と共感のベースにあるのは,「自分自身のコア」をもち続けたニュートラルな状態であり,それでいて,相手の可能性は絶対的に信頼している状態です。相手の感情にこちらの状態が振り回されないので,相手の中の思い込みや制限を引き出すとっかかりが直感的に見えてくるようになります。

「保健室コーチング」では,相手を尊重しながらも,ニュートラルな立場で子どもたちの主訴に耳を傾ける「脳科学傾聴」(言語生成システムに着目した傾聴)です。感情にフォーカスするのではなく,言語というものが脳の中でどのように情報処理され,生み出されるかというしくみを理解したうえで,言語化されずに心の中に残ったままの部分を具体的にしながら,傾聴→確認質問→傾聴を繰り返す方法です(p.89参照)。

なぜ,この傾聴が,効果的なのでしょうか?

子どもたちが保健室に持ち込む問題の多くに耳を傾けると,「出来事そのもの」によって苦しんでいるというより,「その出来事にどんな意味付けをしたか,そこからどんな負の妄想を膨らませたか」が苦しみの度合いをつくっていることに気づくことがあります。

人間の脳は,「客観的事実」を五感によって取り込むと,その事実に対して独自の価値観で「意味付けをする」というクセをもっています。コンピュータのフォルダのように,名前付けをすることで整理しようとします。そして,そのフォルダの中身から自分の価値観に合うものだけを取り出し,意味を付けて,「これはこうなんじゃないか」とあれこれと考え始めます(まだ起きてもいないことに恐怖を感じたり,過去の体験から今起きていることを意味付けをして勝手に悲しんだり苦しんだりしている)。

そして,それが言葉になる過程で,脳内の情報処理システムにより「省略」され,「わい曲」され,「一般化」されます。出来事を100%正確に言葉にすることは不可能です。つまり,心の中には「言葉にならなかった情報」が残ったままになっています。これを引き出すことで,より正確な情報として共有していくことができます。

子どもたちに限らず，人間の言葉は，常に事実と解釈をごちゃ混ぜにした混乱したものとなって表現されています。感情にフォーカスする傾聴では，事実ではなく，事実に対する解釈によって生まれた感情に寄り添おうとするのですから，場合によっては「解釈から生まれた感情」を「事実のように扱い」負の感情を増幅してしまう可能性があります。

　そこで，脳科学的傾聴では，子どもの話に耳を傾けながら「事実と解釈を整理しながら聴く」ということをします。ただ，養護教諭が「これは解釈だな」と思っても，本人の中ではまだ「事実だ」と思っているわけですから，こちらから指摘することはしません。あくまで，本人の内面で気づきが起こるための「確認質問」としてアプローチをしていきます。

　次の項では，質問がどうして効果的なのか，子どもの話に出てくる言葉の使い方から，どのように質問を進めていくのかをお伝えします。

(6) 質問が思考の方向性を決める

　コーチングでは，「質問は，思考の方向性を決める」「質問の質は人生の質」と言われ，思考の方向性や焦点を決める大切なアプローチとして活用します。

　例えば，子どもたちにこんな質問をするお母さんがいたらどうでしょう？

今日はどんな嫌なことがあった？
友達に何かイジワルされなかった？
先生に怒られなかった？

　こう聞かれると，脳の習性として，質問の方向性に焦点が向かい，「えっと，嫌なことか，何があったかな」と考え始め，さらには，どうでもよいことにまで「嫌なこと」の意味付けをするようになります。

　毎日毎日，こんな質問をされ続けたら，この子どもは世の中の嫌なことに

対して焦点を向ける思考パターンを身に付け，毎日の生活の中で「嫌なことを見つける」という能力が高まっていくでしょう．
　この話を聴いた子育て中の受講生さんが，いつも子どもが帰宅した際に自分がしていた質問が，いかに子どもの思考をマイナスにしていたかに気づかれ，その日の夜から，質問を変えたそうです．

今日，何か楽しいことあった？
毎日3つずつ教えて

　最初は答えることができなかったお子さんが，1か月たつ頃には「あのね，お母さん3つだけじゃないよ．もっとある！」と話してくれるようになり，気がつけば，あれほど学校でからかわれていたのに，それがなくなってきていました！という報告をいただきました．
　独り言にせよ，他人からかけられる言葉にせよ，質問というのは大きな力をもっていることをご理解いただけると思います．
　それでは，傾聴の中で使われる確認質問は，具体的にどのように活用していくのでしょう？
　例えば，子どもたちの訴えによく出てくる「みんなが」「いつも」「ぜったい〜」という言葉．確認質問では「みんなって具体的に誰？」「いつもってどれくらいの回数のこと？」などの質問として返します．物分かりの悪い先生になって「ごめん，分からないから教えて」という感じで質問すると，抵抗が生まれにくくなります．状況にもよりますが，筆者の場合は「みんなって，世界中のみんなのこと？」「え！　いつもって24時間ずっと？」とちょっととぼけた質問を返したりすることがありました．質問されることで初めて，自分が話した言葉を考え始めます．
　確認質問は，次のような場合にも使います．言い方によっては，「追及す

る」「追い詰める」という「詰問」や「尋問」になってしまうことがありますので、あくまで相手を尊重し、内面で言語にならなかったものを引き出す伴走者というスタンスで関わっていきます。

抽象的な表現で、言葉の意味の共通理解が必要なもの

 これからは，もっとがんばる

 具体的にいつから，何をどんなふうにやるの？

 もっといっぱい勉強する

 いっぱいって具体的には何時間くらい？

 嫌なことばかり言う

 具体的には？　どんなこと？
嫌じゃないことは一つも言わない？

 信頼される人になりたいんです

 具体的にどんなことができていると
「信頼される」状態になったと言える？

勝手な結び付きや憶測をして制限や負の感情をつくりだしている表現

あの子がいると教室の雰囲気が悪くなる

あの子が教室にいることが，具体的にどんなふうに雰囲気が悪くなる原因になっているの？

あの先生は，ぼくを嫌っている

具体的にどんなことが，あなたをそう思わせたの？

目が合ってニヤッっと笑うのは，あの子が私をバカにしているから

ニヤッと笑うことが，どうしてバカにしているという意味になるのか教えてくれる？

主観的な表現で「比較」し，負の感情をつくり出す表現

あいつは真剣さが足らない

何と比較して，そう思った？
あなたにとっては，真剣さのある，なしのラインはどこにおいているか教えてくれる？

無意識の限界をつくっている表現

そんなこと，私には無理です
そんなことは，あの子に言えません

それを止めているものは何だろうね？
もし，それができたら何がどんなふうに変わるんだろう？

女子はいつも男子を支えるべきだ

それをしないとどうなるの？
それをするとどんないいことがあるの？

〜すべきではない

それをするとどうなるの？
それをしないとどんないいことがあるの？

　よく子どもたちや大人も使ってしまいがちな言い回しや表現から，「大切なことだからもう少しくわしく知りたいの」というスタンスで確認質問するだけで，「言語にならなかった無意識下にある言葉」が浮かび上がってきます。
　保健室コーチングで確認質問を学んだ受講生さんが，面白いエピソードを紹介してくれました。

　ある小学生が泣きながら保健室に来て「先生，Aさんは私に何度も何度もバカって言います」と訴えました。そこで，その養護教諭は「何度もバカって言われたの？　具体的には，何度くらい言われたの？」と確認質問をしたところ，その子

はしばらく考えて「あ……，1回だけだった……」と答えたそうです。さらにその養護教諭は，この思い込みがどこから来たのかを知るべく，「1回だけだったのに，何度も言われたって思ったのは何がそうさせたのかしら」と質問されました。
　その子はしばらく考えて「言われたときのことを，何度も何度も繰り返して思い出して（イメージで見て）いたの。だから，何度も言われたような気になっていただけだった。ありがとう先生」と言って教室へ帰ったそうです。たったこれだけの対応でしたが，その子の表情が明るくなり，軽やかな足取りになっていきました。

　子どもが悩みをもってきたとき，これまでのアプローチでは，「感情をくみ取って聴く」ということをしてきました。もし，この子にそうした傾聴をしていたら，「何度も言われた」という言葉の中の「事実」と「解釈」を分けることなく「何度もバカと言われたかわいそうな私」という思い込みを強めてしまった可能性もあります。
　また，事実と解釈を大人の側が気づき，それをこちらから指摘した場合，子どもは「私の想いを受け取ってもらえなかった」と感じて反発する可能性があります。しかし，確認質問することで，本人が自分の言葉を客観的に考え直し，そこから「気づき」が生まれます。このことが，「問題」を「チャンスに変えて，いろいろなものの見方を育てる」という学びにつながっていくのです。
　私が全国の養護教諭にお伝えしている保健室コーチングでは，確認質問の他にも，10分という休み時間内で終えられるコーチング的質問や，「質問カード」（p.116参照）の活用を学んでいただいています。また，低学年の子や言語表現が苦手な子に関しては，体を使った感覚的な質問ワークで，短時間で負の感覚から平常心にまで戻していくという手法もお伝えしています（ここでは割愛します）。

(7) 行動化のための質問アプローチ

　負の感情になっている子に対して行う確認質問は，カウンセリング的質問アプローチの意味合いを強くもちますが，そこからどうしたいのかの目標設

定をして，そのための行動化のための支援は，「コーチング的質問アプローチ」となります。

　子どもたちの問題を確認質問で整理できたら，これからどうしたいのかという「目標設定」をしていきます。目標設定は必ず肯定的な表現をします。「みんなに嫌われないように」というような問題回避の表現は，脳が理解できないからです（嫌われるという言葉に反応して，それを現実化しようとしてしまう）。

　目標が設定できたら，「それが達成されるとさらにどんないいことがあるのかな」と，目標の先にあるさらなる効果を質問します。そうすることで，これからその目標に向かって取り組んでいく行動の意味がさらに大きく深くなってくるからです。これは，50メートル走の指導の際に「ゴールの10メートル先を目標に走りなさい，そうすれば最高速度でゴールを通過できます」というのと同じです。そうすることで，元々のゴールは「通過点」と認識され，当然のように通過するものと脳は認識する，という脳科学的な意味があるのです。

　さて，目標設定ができたら，そこから，行動化に向かってのアプローチになります。保健室コーチングでは，行動化のアプローチのために

・10分以内で完結するもの
・関わりの経過が記録できて，継続的なやり取りや変化の記録が分かりやすいもの（部会等の資料としても活用しやすいもの）
・1枚のシートに収まっているもの

というワークシート形式にしてお伝えしており，好評をいただいています。
　ここでは，一番よく活用されている「スモールステップコーチング」という手法をお伝えいたします。自分の状態を点数で表しながら，スモールステップの行動目標を立ててクリアしていくというものです。基本的な流れは以下のとおりです。

> 「スモールステップコーチング」の流れ
> ・現在の状態を点数化する。
> ・できているところの点数の内容は（何ができているのか）？
>   ※ここをたくさん発見して承認します。
> ・10点になったときの状態は？
>   ※ここを明確にすると，目標がはっきりします。無意識に思っていたことも言語化されます。
> ・今より1点上がったら，どんな状態で，今とどう違うのか？
> ・1点上げるために何をするのか？
>   ※すぐに取り掛かれる小さなものにしましょう。たくさんの成功体験をさせて意欲を高めましょう。

　このアプローチによって，目標達成のための行動が明確になった子どもは，それに基づいて「実践」「行動」をします。子どもが，その行動をした結果どうだったのか，毎回のサポートの記録を取り，その結果から次の計画・行動へのサポートを行います。

　ここでは　継続的な関わりとして，子どもの次の行動のモチベーションを上げるための結果の確認と，次の行動計画実践へのアプローチのポイントをまとめました。

> ・コーチもクライアントもディソシエイト（客観的な状態）した視点から結果を確認する。
> ・紙やホワイトボードに書きながら一緒に見る。
> ・行動や出来事について，子どもの報告を「事実か」「解釈か」を明確にしながら整理する。
> ・決めたことをどれくらい実践できたか。どのくらいの成果が出て，どのくらいの満足があったか。

- プロセスを承認する（ついつい結果ばかりに目が行きがちとなるが，達成度や満足度が小さくても「できたことは何か」「自分でもがんばったと思う点は何か」に焦点を向けるような質問をし，承認する）。もし，うまくいかなかったとしても，「この結果から何か分かったことはありますか」という質問で，結果から「成果」を引き出し子どもの行動の意味を深める。
- 結果の確認（できたこと，できなかったこと，取り組んでみて分かったこと）をし，努力したことへの承認をする。
- 次の行動のための行動計画（目標設定，そのためにできること，何から始めていくか）を立てる。

　できていることに目を向ける，できなかったときには，「行動できなかった作戦」を検討し直し，チャレンジできるためにどうしていくかを考えるための伴走をしていきます。やると言ったことができないとき，「自分がダメだから」と，自分を責めたりしがちな子も「作戦がまずかったかな。ちょっと作戦会議をもう一度先生としようよ」と言ってあげることで，チャレンジの意欲がわいてきます。

　以上のように，傾聴，確認質問，目標設定，行動化アプローチによって，自分の思い込みに気づき，現状を動かすための目標設定をし，その行動計画を立てていくという大切な学びを体得していきます。

3　リーダーシップを発揮するための教師・保護者との連携スキル

　ここでは，保健室での教育的効果をさらに向上させるための学級担任や保護者，組織との関わりとアプローチについて，「リーダーシップ」の視点から述べたいと思います。

(1) 養護教諭としてのリーダーシップ　3つの視点

　リーダーシップとは，特定の立場の人だけに必要なものではありません。たとえ自分自身が組織や部会の「長」と名がついていなくても，特定の方向へ人や組織を導く人は，すべてリーダーシップを発揮しています。養護教諭も学校保健のリーダーとして，リーダーシップを発揮する場面が数多くあります。
　「リーダー」と「リーダーシップ」という言葉は，よく混同されてつかわれますが，リーダーとは役割のこと，リーダーシップは能力のことです。「導く（リード）」ということを考えるとき，必ず，そこには「導く人」と「導かれる人」が存在します。そして，当然のことながら，「ゴール（目標）」が存在し，リーダーは特定の方向に人や組織を導いていく役割を担っています。
　リーダーの能力として必要なものは，以下の4つです。

目標を示す能力	人に関わる能力
自分自身の状態管理	組織との関わり

　同時に，リーダーシップをどのレベルで発揮しているかという視点も大切になります。その視点とは，「ミクロレベル（小）」「マクロレベル（大）」「メタレベル（超）」の3つです。

ミクロレベル意識のリーダーシップ
　ミクロレベルのリーダーシップを発揮している養護教諭は，保健室という現場レベルでの特定目標だけに意識が向いている状態にあります。一つ一つの企画や実践が養護教諭としての視点のみで計画され，結果，単発的なものになりがちで，他の部会などの共感を生みにくく，連携が取りにくくなります。結果として，長い目で見た教育効果は弱くなる可能性が高くなります。

マクロレベル意識のリーダーシップ
　マクロレベルのリーダーシップを発揮している養護教諭は，学校の経営目

標と保健室経営目標や学年の経営目標とのすり合わせ（価値観の尊重と合意点の取り出し）をし，共感を引き出している状態にあります。つまり，それぞれの立場で大切にしている価値観が，自分が養護教諭の立場から提案することとどう結び付いているのかを明確に説明し，組織全体のバランスを視野にいれたうえで，学校保健の推進を図ることができます。一つ一つの企画や実践も学校運営や学年運営とリンクさせ，この企画をすることによって，それが，どんなプラスが子どもたちや学校全体にもたらされるかを専門的立場から組織全体に訴えかけることができます。結果，他の部会や学年の共感と協力を得やすくなり，より高い教育効果が期待できます。

メタレベルに意識が向かっている養護教諭のリーダーシップ

　メタレベルのリーダーシップを発揮する養護教諭は，役割や職業を超えた自分自身の人生そのものの願い，ミッション，価値観をもとに，社会全体への影響をも視野に入れた取り組みをしています。そのための能力を発揮し，行動し，周りへ働きかけます。組織全体と組織メンバーの価値観をリンクさせ，学校を超えた地域や社会への大きな影響力を発揮します。

(2) 一般教員と保健室の連携のポイント

　養護教諭と一般教員は同じ学校にいながらも，子どもに関わる現場が違います。養護教諭という職種も，保健室という場も，一般教員とは具体的に活動の内容が違い，「場」がもつ機能も目的も違います。もちろん外部機関や家庭も，それぞれの場の目的があり，人の想いがあり，役割は違います。

　そのため，特定の子どもに対してのチーム支援や，一つの企画に対しての提案においても，様々な立場の人間が，同じ方向を向いての協力体制をつくっていくことが必要です。

　しかし，実際には，担任と養護教諭の意見の対立が生じることもあります。30人の児童を集団の中で扱い，まとめていく学級担任と，基本的にマンツーマンでの対応が中心となる養護教諭では「具体的現場」が違うため，お互いの現場の視点での意見交換は感情的になりがちです。お互いの立場を理解し

合い，効果的に関わるために，次のような手順をおすすめしています。

・養護教諭と担任という具体的立場を離れ，同じ学校組織で子どもたちの教育に携わるスタッフとしての立場で「共通の目標」を立てます（下図①）。つまり，事案に対し，「どのような状態になることを共通の目標とするのか」を考えるのです。そうすることで，例えば「この子が教室で自信をもって生活できる」などの目標を立てることができるかと思います。
・目標が達成された状態を具体化します。つまり，目標として掲げた「自信をもって生活できている」状態とは，どんな状態かを具体的にしていきます。抽象的な言葉は，常にお互いが共通理解できるように具体化する（チャンクダウン）ことが共通理解のためにとても大切な作業です（下図②）。
・達成すべき状態が明確になったところで，これを実現するために，学級や学年では何をするか，養護教諭はどう関わるかを話し合っていきます（下図③）。
・可能であれば，ここに，家庭の立場も加えるともっと効果的となります。家庭と学校の話し合いという場においても，同じような方法で，共通目標を明確にし，そこから具体的立場でどう関わるかという順序で話し合うことでお互いの立場を理解し合いながら効果的に支援を進めることができます。このときも，注意したいのは，「見守る」「受けとめる，受け入れる」などの抽象的な単語は，思考停止を招きますので（人によって言葉の解釈が違うため），できるだけ具体的な行動として共通理解しておく必要があります。

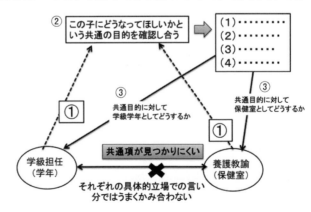

Chapter 3
事例で学ぶ！
養護教諭の「現場力」

ケース1　思い込みで体調不良になってしまう中１男子生徒

事例　時折体調不良を起こして保健室で休養することがある中学１年生の男子Ａ男です。

特に問題行動を起こすこともないおとなしい生徒ですが，気持ちをうまく表現できず，悶々とするタイプの生徒です。一度気持ちが落ちてしまうと，なかなか切り替えることができない面が気になっていました。

１か月前にも，体調不良を起こしましたが，その時は回復せず，早退させました。

この日は，「気持ち悪い」と訴えていました。

こんな対応

バイタルの確認（検温，脈拍，視診，触診等）をしました。
特に異常はみられませんでした。
ここから，「気持ち悪い」という感覚そのものについて確認質問をしました。

養護教諭（以下「養」）「どのあたりに違和感があるの？」
Ａ男「胸から胃にかけてが重苦しい感じがする」
養　「その気持ち悪さをどうしたいかな」
Ａ男「その言葉が一番ツライです」
養　「どういうことかな？　くわしく教えてくれる？」
Ａ男「以前，自分で決めて休んだときに，もっと気持ちが悪くなったから。それと，小学校のとき気持ち悪いと言ったら，周りのみんなにひかれたことがあるん

です。そのとき，自分はここにいてはいけないんだと思ったんです」
養　「ここにいてはいけないという言葉は，誰かに実際にそう言われたの？　誰が誰に言った言葉なのかを教えてくれる？」
A男（生徒はしばらく考えていましたが，はっとした表情で）「自分です」

　質問を投げかけることで，自分で自分の思い込みだったことに気づきました。

　これは，気分不良になったことが引き金になって，過去の記憶に瞬時につながり，そのときに解釈した思い込みにアソシエイト（臨場感をもって再体験している状態）し，気分が悪くなったようでした。

　過去の出来事で感じた感情や感覚と，今ここで現実に起きていることを区別する，そして，事実か妄想かを区別する質問をすることで，それを分離することができました。

　これだけのアプローチで，この生徒は，次の授業（体育）に戻ることができました。

現場力アップのポイント

　実際に言われたわけではないのに，自分で勝手に思い込みんでいるうちに，体調に表れた典型的な例です。「こんなこと前にもあったな」という想いだけで「過去と今」「事実と解釈」の区別がなくなり，体調に影響を出す生徒は多くいます。保健室の対応で困るのは，バイタルに異常がないのに，いつまでも気持ちが回復しない子どもたちです。

　多くの場合，確認質問によって自らが「気づく」ことで，あっという間に楽になり，元気を取り戻していきます。

過呼吸を起こした中2女子生徒

> **事例** 中学2年生のA子は、帰りの会の際に、担任がいじめについて全体に指導をしていた際、突然過呼吸をおこしたとのことで、部活に行くことができず来室しました。昨年度から、友達同士のトラブルや友達から仲間はずしにあうと訴えていた女子生徒です。非常に感覚的な生徒ですので、マイナスな出来事を思い出すだけで、身体症状として出やすい傾向があります。担任の話を聴きながら、過去の体験につなげ「かわいそうな私」にアソシエイト(臨場感をもって再体験している状態)したのではないかと思われました。

こんな対応

　本人に対し、「呼吸ペーシング」(相談者の呼吸に支援者が合わせる方法。p.116参照)をし、徐々に呼吸が整うように誘導すると、しばらくして落ち着いてきました。
　次のような質問アプローチをし、状況を確認しました。
養　「教室は安心できる?」
A子「今は安心」
養　「過去はどうだった?」
A子「私がそこにいると空気が変わる感じがする。私は、また除外されるのではないかと思って重苦しくなる」
養　「その感情は体のどの辺りに感じる?」
A子「肩の辺り……」
養　「その感情をイメージのまま取り出してみて」
　A子が手のひらに、自分の左肩にあった感情を取り出したのを確認し、さらに次のようにアプローチをすすめました。

養　「その手のひらにあるあなたの感情はどんな形？」
A子「ゴツゴツした形をしています」

　以下，重さ・大きさ・色・温度・触感を聴いていきました。

　自分の中にある「負の感情」のサブモダリティ（五感の質，色や形，音質，大きさ，感触など）が明確になったところで，次は，このサブモダリティを変化させていきます。

養　「今，手の中にあるあなたの感情の色や形を，あなたの好きな色に変えてみましょう。体の中に戻しても大丈夫なようにね」

　先ほどと同じように，一つ一つについて聞いていきます。

養　「ゴツゴツをどんな形に変えますか？」
A子「つるんとした形にしたい」

　以下，重さ・大きさ・色・温度・触感についても同様に変化させます。

　A子の希望で，重さは，本7冊分から本1冊分へ，大きさは，砲丸からミカンの大きさへ，色は，黒からオレンジ色へ変化させ，感触は赤ちゃんポニョポニョを追加しました。最後に変化させた感情のイメージをもとのところに戻してもらいました。

　内的にもっていた感覚を変化させることで，相談者の表情が明るくなり，「すっきりしたよ」と言って，元気に部活動に向かいました。

現場力アップのポイント

　過呼吸が起きた際は，看護的ケアも行いながら，ストレスの原因をつくり出している「内的イメージ」そのものを変えることで，より早い回復への支援ができます。過呼吸に限らず，感情によって身体症状が表れているときには，内的イメージをいったん取り出し，それを変えることで感情が収まり，冷静さを取り戻します。自分の気持ちをうまく表現できない子や感覚的な子には，言語的アプローチより，感覚を直接扱うアプローチが非常に効果的です。

ケース3 緘黙傾向の女子高校生

> **事例** 緘黙傾向の女子高校生。言葉少なに，担任と養護教諭にはボソボソと話したり，筆談することができます。普段からよく保健室を利用している生徒で，少し休憩するときはソファーで座って休みます。誰にもかまってもらえないと，室内にいる親しい教員にちょっかいをかけたり，自傷行為をしたりして注意獲得行動をとることもあります。
> 　この日は，泣きながら担任に連れられて保健室へ来室しました。理由を聞いても答えなかったので，しばらく休ませてから話を聴きました。「何か思い出した？」と聞くと，「小学生のときいじめられていたことをいつも思い出している」と話し出しました。

こんな対応

　彼女の内面で起きていることをお互いに共通理解し，さらに客観視させるために，質問しながら，図などを用いて聞き取りました。
「心の中で見えているのはどんな情景か？」
「その映像に声や音はあるか？」
「それはどれくらいの大きさでどこから聞こえているか？」
「それはどんな特徴があるか？（高い，低い，早口，ゆっくりなど）」
「その映像を見て聞いていると，体はどんな感覚になるか？」
以下，聞き取りで分かったことです。
・小学校高学年のときに，クラスの大勢が自分の周りに来ていやなことを言ってきたときのことを繰り返しイメージし，そのとき言われた言葉も，まるで今，自分の耳元で言われているようにリアルに感じている。
・そのときの感情をリアルに感じている状態（アソシエイト）になっている。

・思い出している出来事の中で，自分は小学生のままで見ている。

　この内的記憶にリピートしている映画（今の自分はすでに成長しているのに，自分自身も小学生のままのイメージで再現している）が，相談者に負の感覚をもたらしていると考え，次のような提案をしました。

養　「いつも思い出しているイメージの中の自分自身だけを，現在の高校生の姿に置き換えてみて」

　ここでは，本人が理解しやすいように，方法はできるだけ絵に描いて説明し，やってもらいました。すると，「大丈夫になってきた」と気持ちにも変化が起き始めました。さらに，「その思い出のイメージの中にいる子どもたちに対して，今言いたいことを言ってみたら」とうながすと，「もう，そんなことやめて」と言うことができました。その後，教室へ戻りました。

　その子の書いた日記を後日読ませてもらうと，「先生にも友達にも言えず，ずっとためていたことを初めて言った」と明かしていました。その後も泣いてくることはありましたが，同じワークで対応しています。泣き止んで教室へ向かえるまでの時間がだんだん短くなっていきました。

現場力 アップのポイント

　うまく出来事を話してくれない子どもと共通理解を図るために，図を描いたりしながらイメージを共有することはとても有効です。

　過去の出来事の衝撃からなかなか抜けることができない子は，何かのきっかけで，その過去の出来事と結び付け，内的に再体験をし，同じような状態になってしまうことがあります。

　相談者の内的映画を明確にし（どんな映像を見てどんな音声を聞いているか，リアルに見ているか，客観的に見ているか），その内的映画がどのようにその子の状態に影響しているか，また，どこを変えれば楽になるのかを観察し，変化のためのアプローチをするだけで，多くを話さずとも短時間で気持ちの切り替えをすることができます。

ケース4　不快なことがあるたびに来室する特別支援が必要な男子高校生

事例　不快なことがあると保健室へやってくる男子高校生。特別支援が必要な生徒です。状況は違えど，ほぼ同じようなパターンを繰り返しては落ち込み，来室します。今回は，「友達に，うまく話せない，キツイことを言ったら嫌われる。笑顔でいないと嫌われてしまう」などの訴えをして泣き始めました。

こんな対応

　本人の話から，本音や感情を抑え込み，ネガティブを詰め込んでいるが，表面的には笑顔でいなければならないと思っていることがうかがえました。自分の話をする中で「人の前で泣いたり怒ったりすることは，相手を困らせることになるのでいけないことです」という強い信じ込みがあることがうかがえました。彼にとっては，「話す」だけでは不十分だと思い，イラストを使ったイメージワークを行うことにしました。このイメージワークは，負の感情を笑顔でふたをしているこの子の内的状態をメタファー(内的な比喩)として表現したものです。

・「自分にはどんな感情があるのかな？」と聞いて，白い丸い紙に顔の絵を描く（泣く，怒る，困る，面倒くさい，嫌い　など）。
・それらの顔の描いてある紙を小さい箱の中に入れて閉め，ふたに笑顔を描いて貼る。
・その箱を渡してもらったときにどんな感じを受けるかを試す。

　彼は，この箱を受け取ると，「気持ち悪いです」「あまりほしくないです」と受け取った感覚を話しました。箱を開けて笑顔を他の顔と混ぜて渡すと，顔の紙を見ながら「いろいろあっておもしろいですね」「こっちが，ほんとうです」と答えました。その後，非常に積極的になり，人前に出ることに

もチャレンジし始めました。他の生徒にも本音を伝える練習を始め，保健室に来ることは少しずつ減っていきました。時折顔を見せることもありましたが，以前のように泣いて話のできない状態はなくなり，「話を聞いてください」と言うことができるようになりました。

現場力 アップのポイント

　何度も同じようなパターンを繰り返して来室する子どもには，そのパターンを引き出す共通の「信じ込み（〇〇すべきである，すべきではない，私は△△だ，〜は××に違いないなど）」が存在します。

　この事例では，この生徒の過去の記録と照らし合わせ，「人の前で泣いたり怒ったりすることは，相手を困らせることになるのでいけないこと」という信じ込みそのものに対しての対応をしています。「潜在的信じ込み」そのものにメスを入れることで，その後に同じようなパターンが引き起こされにくくなります。

　「潜在的価値観」そのものに対する対応では，言語による正論で言い聞かせるのではなく，メタファー（内的な比喩）を活用しています。子どもがもっている信じ込みをメタファーで取り上げ，心の深い部分での感じ方に変化を起こしています。内的なメタファーに変化がおきれば，深いレベルでの感覚に変化が起き，現実でおきる様々な状況に対して，今までとは違う反応が起きるようになります。

　さらにこの事例で特筆すべきは，「いろんな自分がいてもよいのだ」ということも，メタファーを使って感じ取らせている点です。本当の自己肯定感とは，自分の中の嫌な部分を排除したり，よいものに変化させたり，すべてを好きになることではなく，「いろいろな自分がいて当たり前，どんな自分もいてもいいよという感覚でいること」ということであり，それを子ども自身のワークを通じて感じ取らせています。

　いずれにせよ，頻回来室者の子どもに対しては毎回しっかりと記録をとり，そこから共通する信じ込みを読み取る力を身に付けることが大切です。

ケース5 家族間の悩みを抱える中3女子生徒

事例 心療内科へ行き，軽いうつ状態と診断され薬を処方されているが，あまり状態はよくならないという状態の中学3年生の女子生徒が，「家族のことで悩んでいる」と相談にやってきました。
　内容としては，家族からかけられる言葉が，非常につらく耐えられないということで，感情的にも深みにはまっている感じで来室しました。

こんな対応

　家族とのことを話し出すと，感情的に入り込み，そのときと同じような感情を再体験してしまっていました（アソシエイト状態）。そこで，まずは，出来事そのものを客観的に見ることができる状態（ディソシエイト状態）にするために，ホワイトボードとマグネットを用意し，「知り合いの家族の話」として話してもらうことにしました。感情的に入り込むことなく，問題を客観的に話すことができました。そのうえで，ホワイトボードを活用して，下記の様に事実と解釈を分けて考えなおしました。

・家族マグネットを使って，家族からのかけてほしい言葉を吹出しに書いていく
・距離を置きたいと感じている家族に対しては，ホワイトボード上で遠くに離す

　このことにより，本人の内的イメージで家族が傷つける言葉を言っている映像や発言の影響を小さくさせることができました。
　高校へ行ったらやりたいこと，楽しみにしていることなど，これから起きる楽しい話をして面談を終わりました。
　その後，保護者と外部機関の専門家をつなぎ，少しずつ調子がよくなって

きています。家族から過去に言われたことは変えることができませんが，少しでもイメージ（内的な記憶の保存方法）に変化が起きると，そこから起きる感情に変化が起こるであろうと取り組んだ事例です。

現場力 アップのポイント

この事例では，さらに
「内的保存方法を変えると実際の感覚に変化が起きる」
「事実は変わらないけど解釈は変えられる」
という保健室コーチングの概念を使っています。

人間が出来事に対してどれだけの衝撃を受けるか，また，そのことによって回復にどれだけ時間がかかるかは，出来事の内的保存の方法の違いが一つの条件となります。

保健室に来室する生徒で，話をしているうちにそのときの感情を再体験し，感情的に不安定になってしまう生徒がいます。過去の出来事を五感をすべて使って思い出している状態（アソシエイト状態）では，ひどい場合は身体症状まで引き起こしてしまいます。

まずは，それを感情的に入り込まない状態にすることが必要です。

ここでは，心の中の映画をいったん「ホワイトボード」に反映することで外側からそれを見るという視点をつくり，さらに，「他の家族」ということで，心理的な距離を遠くにしています。

泣いている子どもたちに，「寄り添おう」とするあまり，逆にその子の焦点を過去に置き続けてしまったり，感情的な深みのループにさらに入れ込んでしまうことがあります。

「答えは相手の中にある」といいますが，アソシエイトした状態では答えなど出てきません。ディソシエイトして，自分の問題を客観的に見ることができる状態になって初めて，自らの課題に気づいたり，具体的に何をすればいいのかという答えが出てくるのです。

ケース6 保健室に来てもなかなか悩みを話し出せない小6女子児童

事例 コミュニケーションに課題があり，クラスでも孤立している小学6年生のB子。保健室に来ても，なかなか自分の思いを表現できずにいました。

こんな対応

　話し出すきっかけをつくり，自分と向き合うことができる「あるあるレンジャーカード」（自分の中にある様々な人格を楽しい絵カードで通してみていくカード。p.116参照）を使い，彼女と雑談から始めることにしました。

　この児童に，自分の中にいるレンジャーを選ばせると，15枚のカードをとりました。

　特に好きなのは「コツコツやれるンジャー」。お菓子作りが好きだからとの理由でした。

　くわしく聞くと，母親に「また作って」や「美味しい！」と言われることがうれしいから，とのこと。

　「お母さんの喜ぶ姿が見たいのね」というと彼女は「うん」と言いました。彼女のお母さんは，彼女にとって恐い存在です。

　次に「特にもっと伸ばしたい（成長させたい）レンジャーは？」と聞くと，「人のためにやれるンジャー」を選びました。

　ここが伸びるとどんないいことがあるのか聞くと「人が喜ぶ」と答えます。さらに突っ込むと「人から信頼される」と答えました。本当は，友達に信頼されたい，というこの児童の願いや悩みを知ることができました。

　また，別の日に，この児童が体調不良を訴えて来室。前回のカードを使ったアプローチで少し心を開いていたのか，自分から同じクラスの女子が自分

や他の子の悪口を大声で話していることを話し出しました。
B子「見て見ぬふりをして，感じないふりしてる。家でも同じ」
養　「しんどくない？」
B子「しんどい」
養　「あなたの中の何レンジャーが出てきたらしんどくならないかな？」
B子「言いたいことが言えるンジャー」
養　「あれ？　言いたいこと，言わない子だったっけ？」
B子「言おうとすると，言いたいこと言えないンジャーが出てきて，勝っちゃうの」
養　「言えないンジャーが勝つと，何かいいことあるのかな？」
B子「言ったら友達と遊べなくなるかもしれない……」

　このやり取りで，本当は友達と仲よく遊びたいのに，孤立してしまっているという状況が見えてきました。

　その後もカードを使って，彼女の内面を理解するためのアプローチをしています。

　今回の実践で，「レンジャーカード」を使うと自分の感情を擬人化でき，小学生でも客観的にとらえることができるんだなと感じました。

現場力　アップのポイント

　保健室に来ても，なかなか自分の思いを伝えられない子の対応に苦慮する場面は少なくありません。そんなとき，子ども自身の内面（感情や考え）を擬人化し，話し出すきっかけづくりとして，こうしたグッズを活用することはとても効果的です。
　子どもたち自身が，不思議と自分のことを話し始めます。

誰にも言えない想いが原因で頭痛を起こした高校生

> **事例** これまで、それほど来室がなかった高校3年生の生徒が、ちょっとしたことで保健室によく来るようになりました。気になりながらも、他の生徒がいてなかなかゆっくり話が聞けないままでいました。その生徒が、頭痛を訴えて授業中に来室しました。

こんな対応

特に体温や脈、顔色などに異常は見られませんでしたので、心理的な面から、アプローチをしてみました。しかし、あまり話したがらないので、「質問カード」(子どもたちがランダムに引いてそれに答えていくカード。p.116参照)や「人生の魔法カード」(ドラえもんがもっているような楽しい道具を描いたカードで、ほしいカードを3枚選ぶことで内面にあるものを引き出すもの。p.117参照)を使って、内面にあるものを話し出すきっかけをつくりました。

最初に、「質問カード」では「手伝ってほしいことはありますか?」というカードが出ました。本人は、「特にないよ」と言ったのですが、なんとなくその表情が気になりました。

そこで、「人生の魔法カード」を出し、「じゃ、このカードから何かほしいものはない?」と、カードを見せました。生徒は、「瞬間移動ボックス」と「タイムメガネ」と「タイムふすま」を選びました。

すべて時間に関するカードだったので、「この3枚のカード、時間ということで共通してるけど、未来へ行きたいの?」と聞くと、「過去に戻りたい。嫌なことがあったから」と話してくれました。「その過去を思い出している気持ちをその場所において、その過去を椅子の上から見てみる?」と、うな

がすと，少し落ち着きを取り戻し，話を始めましたが，その話の中で，家族が急な病気で入院していることを初めて話してくれました。

話ができたことですっきりしたのか，しばらくして，教室に戻りました。

その後，養護教諭から担任にこの生徒の状況を伝えました。

> **現場力** アップのポイント
>
> 　保健室に来室する子どもたちの多くは体の不調を訴えます。しかし，そのうちの何割かは，心理的なものが原因であったりします。
>
> 　だからといって「何か困っていることがあるんじゃない？」とあまりにストレートに聞いて，素直に「実は……」と答える子どもばかりではありません。そこで，子どもたちが抵抗感なく話し出すきっかけづくりを工夫する必要があります。
>
> 　この事例では，「質問カード」や「人生の魔法カード」を使って，話し出すきっかけをつくっています。「気分がさえないみたいだけど，こんなカードやってみる？」とさりげなく出すことで，子どもたちは，そのことについてしつこく聞かれるより，抵抗感がぐっと少なくなります。

ケース8 部活と勉強の両立に悩む中3女子生徒

事例 吹奏楽部に入っている中学3年生のL子は，練習はときどきしか参加せず，本番のみ参加しているため，顧問からも時折注意を受けていました。2学期の文化祭での演奏には，練習にきちんと参加することを条件として出されたことで，トイレに閉じこもってしまいました。担任が連れ出して保健室に連れてきました。本人は小学4年のときに，家庭内の問題から引きこもりがちで，中学2年のときも不登校となっていましたが，進路を意識して3年になってからは登校するようになっていました。

こんな対応

保健室では，遊び感覚でやってみようよと誘い，「質問カード」（p.116参照）を差し出しました。本人がやってみるというので，「今の自分に必要なカードが出る」と念じてもらって，合計5枚のカードを引いてもらいました。

1枚目の質問　「何が一番の問題だと感じていますか」
L子の答え　「勉強か部活か悩んでいます。高校へ行くためには勉強しなければならないし，吹奏楽部はまだ活動中だし」
2枚目の質問　「誰かにお手伝いしてほしいことはありますか」
L子の答え　「勉強かな」
3枚目の質問　「1年後，どうなっていたいですか。10年後はどうですか」
L子の答え　「1年後は高校に行っている。10年後はショップの店員さんになっている」
4枚目の質問　「誰かにお手伝いしてほしいことはありますか」（2回同じカードが出た）
L子の答え　「勉強を教えてもらいたい」
5枚目の質問　「あなたが今すでにできていることはなんですか」
L子の答え　「授業に出ていること！」

5枚のカードを引いた後で，養護教諭と話をしました。

5枚目のカードで，高校進学に向けて，自分は授業にちゃんと出ているではないかと自分自身に気づき，それを認めることができたことが，彼女の視点に変化を起こしたようでした。

カードセッションの後，L子は，「今までの不登校経験から勉強が分からず，不安がたくさんあります。今，大切にしたいことは，高校進学のための勉強だし，自分がすごく高校へ行きたいのだと分かりました。だから，秋の演奏会には出演しません。顧問の先生にも自分の気持ちを伝えます」と，話してくれました。長いトンネルから抜け出したようなさわやかな表情に変わっていました。その後，養護教諭に話したとおり，部活動を休んで勉強に専念することを顧問や担任に伝え，その後，1日も休まず登校しています。養護教諭には「自分だけで悩むより人に相談して，自分の意見をはっきり言うことができてよかった」と報告に来てくれました。

現場力 アップのポイント

ふさぎ込んだり葛藤している生徒に対して，つい困っていることやそれに伴う感情の部分だけを聴き，なんとかしてあげようと思ってしまいますが，困っている状況や何があったのかという「過去」にばかり焦点が当たってしまうと，生徒はさらに感情の深みから出ることができなくなります。

この事例では，何があったのかを聴くことをあえてせず，生徒自身が自分と向き合うための一つの方法として「質問カード」を使っています。支援する側が「何かしてあげなくては」と思うのをやめ，心の底から「目の前の生徒がちゃんと答えを知っている」と信じて，関わることで，カードを通して，生徒は自分の中から気づきを引き出しています。

話を聴いたり，感情を受け止めてあげなくては，相談活動はできないということはなく，そこに焦点を当てることでかえってマイナスになると判断したときは，大人がくどくど言って関わるより，本人の中にある「答え」にゆだねることで，自ら考え出し，答えを出してきます。

ケース9 気になる頻回来室の男子高校生

事例 たびたび保健室に来る高校2年生のO男は、なんとなく悩みがありそうなので、気になっていた生徒です。養護教諭が、どうしたのか、何があったのかと尋ねると、うっとおしそうな顔をして、なかなか話そうとしませんでした。

こんな対応

「人生の魔法カード」(p.117参照)と「質問カード」(p.116参照)を使って、まずは、雑談から話し出すきっかけをつくってみようと思いました。

「人生の魔法カード」は、「呼び出しホイッスル」「時間旅行絵本」「お願いマイク」を選びました。「どうしてそれを選んだのか、教えて」と言うと、「今の悩みごとを助けてほしい」と、話し出しました。どんな悩みかということは、無理に聞くことを避け、「では、そのことについてどうしたらいいのかを考える『質問カード』をやってみない？」と、カードを差し出しました。

1枚目の質問　「あなたが大統領になったとしたら、今の問題を解決するためにどんな法律をつくりたい？」
O男の答え　「みんなが、相手のことを思いやれるような法律をつくりたい」
2枚目の質問　「それをすることは、あなたにとってどんな意味があるのでしょう？」
O男の答え　「意味はないと思う。そういう法律をつくって、自分がそれを叶えられたとしても、自分以外の人はまた、同じ思いをする人がいると思うから」
3枚目の質問　「本当は、どうしたかったの？」
O男の答え　「本当には、法律をつくるんじゃなくて、自分を理解してくれる人がほしかった」
4枚目の質問　「1年後どうなっていたいですか？　そして、10年後は？」
O男の答え　「助けてくれる人がいたら、今とは変わっていたい。10年後は、今の

　　　　　　　自分と同じようにならないようにがんばっていたい」
5枚目の質問　「具体的に必要なものはありますか？」
O男の答え　　「自分を理解してくれる人」
6枚目の質問　「10年後のあなただったら，今のあなたになんて言うかな？」
O男の答え　　「助けてくれる人は自分だった。10年後思考が変わっている。だから，
　　　　　　　無理に考えないで，自分の気持ちを分かっているはずだから，問題
　　　　　　　から目をそむけないでがんばってね」

　O男は，無作為に引いている質問カードがつながっているのにびっくりしていました。カードのセッションを終えて，すっきりした顔をしていました。いつもは，いろいろ聞くと嫌がるのに，カードを使うと自然に質問に答えていました。今度問題が起きたら，自分で向き合えるかもしれないと言って，教室へ戻りました。

現場力アップのポイント

　思春期の子どもたちは，何かモヤモヤしているのに，それが何なのか分からない。何とかしたいと思いつつも，大人からしつこく何があったのか，どうしたのかと聞かれるのも嫌がる，という矛盾した態度をとることがあります。そもそも保健室にやってくる生徒の多くが，自分の中で何が起きているのか，言語で表現するのが苦手な子です。また，何が起きているのか自分でも分からないのに，あれこれ聞かないでほしい！と思っています。ぐちゃぐちゃになっている頭の中，心の中を整理できずに困っているのです。
　このような生徒に対しては，ストレートに問題に切り込むより，子どもたちが軽い気持ちで取り組みやすいきっかけをつくってあげるのが効果的です。ここでは，「人生の魔法カード」を使い，「こんな道具ほしいなって思うものは？」と，雑談から入る方法をとっています。そこで，心の奥底にある想いを引き出したうえで，「質問カード」で自分の中の問題について，自分自身で考えさせています。思春期の子どもたちは，大人の正論など聴きたくないのです。しかし，自分が自分に向けた質問には答えようとします。

ケース10 倦怠感で保健室にやってきた中2女子生徒

事例 中学2年生の女子L子。朝,登校途中に体がだるかったため,いったん家に帰って熱を測ると37.5度ありました。しばらく家で休み,1時間目の途中に登校しますが,やはり体がだるいため,すぐ帰宅したいと担任に申し出ていました。担任から,「係の仕事がしっかりできていないことで,みんなに非難されるから学校に来たくないという心の問題が考えられる」と耳打ちされました。

こんな対応

　頭痛や倦怠感を理由に保健室の利用が多い生徒であるため,1時間保健室で様子をみながら話を聞き,L子の思いを聞くことにしました。L子は,「学校は楽しくない」「クラスや担任の先生が嫌」と話してくれました。その理由は,「担任の先生は,人前で話ができない子に,『どうや？』と質問するから,かわいそうだと思っている」とのことでした。自分自身が嫌だと感じる原因がありそうなのですが,そこには触れずクラスメートが……ということばかりを話しているのが気になりました。そこで,「質問カード」(p.116参照)を使って自分の気持ちに眼をむけさせ,自分と向き合うきっかけをつくることにしました。
　「質問カード」を取り出し,「自分が嫌だと感じていることを思い浮かべながら,カードを引いてください」と差し出しました。
1枚目の質問　「10年後のあなただったら,今のあなたになんて言うかな？」
L子の答え　　「勉強した方がいいって言うかな……」
2枚目の質問　「ドラえもんに道具を出してもらうとすると,どんな道具がいい？　それはどうして？」
L子の答え　　「もしもボックス。何かあったとき,願いをかなえてくれるからね」
3枚目の質問　「それはあなたの願いですか？　それともだれかの願いですか？」

L子の答え	「今,違うクラスの友達と,来年は同じクラスになりたい」
4枚目の質問	「何が一番の問題だと感じているのですか?」
L子の答え	「自分のクラスが一番問題」
養護教諭	「クラスの何が問題なのか,もう少しくわしく教えてくれる?」
L子	「今のクラスは自分と仲よくない人が多いし,友達は一人か二人しかいない。男子が給食を配るときに嫌な顔をする。分からないことを聞こうと思っても,ほかの子と話していて聞けない雰囲気だったり,聞かずにやると文句を言われたり。班で係を決めるときも勝手に決められて,嫌だけど黙っている」(ここから,やっと自分が日常で感じている不満がたくさん出てきました。)
5枚目の質問	「あなたを,とめているものは何ですか?」
L子の答え	「はっきり言わないこと。言っても,反対されるから」

　質問カードで出てきた内容を手掛かりに,今度は,さらに彼女の思考を深めるためのコーチングをしてみました。

養　「『はっきり言う子』って,L子さんにとっては具体的にどんな子のことを言うの?」
L子　「元気・明るい・ポジティブ・はっきり言える子かなぁ」
養　「『はっきり言える』のは,どうして?」
L子　「別に,周りから言われてもいい,平気と思っているからだと思います」
養　「どうして,周りからあれこれ言われても『平気』だと思うの?」
L子　「その人のことが,好きじゃないから,言えるんじゃないのかな? みんなが私のこと嫌いだから,私にあれこれはっきり言うんだと思う」
養　「では,あなたも,クラスの子が好きではないのだから,何でもはっきり言えるはずじゃないかしら?」
L子　「…………」(黙り込んでしまう)
養　「あなたが,周りにはっきり言えないのは,どうしてだろうか?」
L子　「私は好かれたいと思っているわけではないけど,普通に接してほしいって思っています」
養　「自分に自信がないと,他の人にいろいろ言われたときに辛くなるけど,あなたも自信がないのかしら」
L子　(無言でうなずく)
養　「自信がもてない理由は何なのかしら」
L子　「思っていることをはっきり言わないこと。提出物を忘れて,みんなにどんな

ふうに思われてるか怖いこと」
養　「では，一歩でも前に進むために，何かできそうなことってありますか？」
L子「まずは提出物を期限通りに出すことから，やってみる」

　質問カードを引いてみると，質問が重なるにつれて，本当につらいと思っていることが本人の口から出てきました。はじめは，クラスの不満を漏らしていましたが，クラスの子に嫌われたくないと思っていることや，普通に接してほしいと願っていることが浮き上がってきました。
　自分の考えをはっきり言える自分になるために，提出物を忘れないようにがんばろうと決めることができました。

現場力アップのポイント

　本当は自分が嫌なのに「周りがこう思っていて問題です」と，問題をすり替えてやってくる生徒や「周りはこう思っているんじゃないか」「私にだけこういう態度をとる」という言い方で来室する子がいます。こうした生徒の話を延々聴いていると，それだけで1時間たっていたということがあります。話をさせることで，相手がすっきりするかどうかというと，話すことでさらに「被害妄想」を増幅してしまったという体験はないでしょうか？
　こうした生徒に対しては，妄想を話させる時間をカットし，直接自分自身と対話をさせる方向に切り替えることが有効です。「質問カード」は，自分が引いたカードについて答えるので，大人自身の質問に対して抵抗感の強い生徒たちも意外に素直に考え始めます。そこで，表面的な問題から自分の内面の課題を話し始めたタイミングで，養護教諭自身が，より具体的にコーチング的な質問をしながら，最終的に小さな行動を決めるところまで生徒の気持ちを動かしています。「こんなに嫌なんだ」の気持ちをあまりに受け止めすぎると，相手は「苦しさ」にフォーカスしてしまいますので，あえて感情にフォーカスしないという関わりも必要なのです。

受験が不安で家から出られなくなった中3男子生徒

> **事例** 受験が不安で自信がなく，登校できない日が続く中学3年生の男子K男。落ち込みやすいタイプで，思い込みが激しく，家から出られない状態でした。
> そんな状況の中，夜，家族に連れられて保健室へ相談にやってきました。それをきっかけに保健室へ登校できるようになり，繰り返し面談を行いました。

こんな対応

面談1　保護者とともに登校した日

K男の意識が，「できていない自分」や「失敗したらどうしよう」という方向へ行きがちであることから，次のような質問をして，焦点のシフトを試みました。

「希望する高校に合格したら，何をしているかを想像してみましょう。目を閉じてイメージすると，あなたはどんな場面で何をしてますか？」
「何か聞こえますか？」
「どんな感じがしますか？」

五感すべてを使って未来を体感できるように言葉かけをしました。
保護者の方にも，「実現した未来」を想像できるような言葉かけをお願いしました。

面談2　保健室に一人で登校できるようになった日

元気度の変化を目に見える形にしてみようと誘いました。スタートを現在の元気度，ゴールを受験の日として，それぞれ元気度を％で表してもらいました。スタートは元気度20％，ゴールは元気度80％と設定しました。現在の

元気度が20％である理由は「受験への不安」と答えました。

そこで，この不安な気持ちを，メタファー（比喩）として取り出し，イメージ変化をさせるワークを行いました。

養護教諭が，「K君，その不安な感情はどこにある？」と聞くと「胸のあたり」ということでした。

「では，その感情を体の外へ出してみようか」と誘い，イメージで取り出した感情について説明してもらいました。K男の中にあった不安感情のイメージは，両腕をめいっぱい広げないと抱えられないくらいの大きさで，黒っぽい色で触った感じが冷たく，重い，と説明してくれました。

「では，どのくらい小さくなって，どんな色や感触に変化したら，受験のときにもっていっても大丈夫かな」と尋ねると，「手のひらにのるくらいの大きさなら大丈夫。色もきれいなオレンジ色にしたい。重さはピンポン玉くらいにしたい」と答えたので，この感情イメージの大きさ，色，重さを変えて自分の体に戻しました。

このワークでK男の表情が明るくなりました。

K男自身の内側のイメージを変更することができたので，続いて自分以外のことへの働きかけを考えることにしました。どんなことをお願いしたいかと尋ねると，

・担任に帰りの会で「1日がんばったね」と背中をなでてもらう。
・母親に夜「〇〇ちゃんなら合格できるよ」と頭をなでてもらう。
・月，水，金は教室以外の場所で給食を食べる。
・放課後はクラス以外の場所でじっくりとプリントをする。

などの考えを自分から出すことができました。

担任や保護者との連携

担任や保護者と連携し，本人の気持ちを伝え環境を調整しました。少し不安になり元気がなくなったりしたときには，保健室で折り紙や塗り絵をしながら，ポツリポツリと話をして元気を取り戻していました。こうした中，受験の日を迎え，無事希望する高校に合格することができました。

現場力アップのポイント

　重い悩みを抱えた生徒に対し，つらい状況について根掘り葉掘り聞いていくことをついついしてしまいがちです。ここでは，意識の焦点を「願いが達成した未来」に向けるための質問をしています。また，人間の感情はメタファー（比喩）で保存するという理論をもとに，本人がもっている感情のメタファーをいったん取り出し，大きさや形，色について説明してもらっています。「悲しい」「苦しい」「不安」という漠然とした感情は，感情のままで扱うと変化させることが難しいのですが，一つのメタファーとして扱うことで簡単に変えることができます。そうした内面へのアプローチをすることで，負の感情を軽減できるのです。

　次に，本人自身が，日常の負担を軽減するために，環境や関わる人に「手伝ってほしい」と願っていることをたずねています。問題を解決するという視点から本人自身ができることを考えさせていることも，非常に教育的配慮です。自分で答えをだし，状況を変えるために，自ら動くことが，生きるチカラにつながるのです。

ケース12 人と関わるのが面倒だと訴える中1女子生徒

事例 腹痛を訴えにて頻繁に来室したり，遅刻欠席を繰り返したりする中学1年生のM子。主治医には受診済みで服薬もしています。以前より「人と関わることが面倒だ」と訴えている生徒で，このときは，授業中1時間の在室許可を得て，じっくり関わることになりました。

こんな対応

M子には次のように聞くことから始めました。

養　「どんなふうに面倒だと感じるの？」
M子「相手に合わせようとすると，どうしていいかわからず，無理して笑っている自分がいるんです。自分の趣味と周囲の人と趣味が違っていて，趣味が合う人がいないけど，ＰＣのメールでやりとりしている相手とは話が合う。学校でも何もしたくない」
養　「何が問題だと感じるの？」
M子「人の目が気になる」
　　「相手は，（私のことを）どう思っているのか気になる」
　　「相手に笑っていてほしい」
養　「本当はどうしたいの？」
M子「（自分が）心から笑いたい」

　生徒の内面的な希望がでてきたところで「未来の椅子」というワーク（p.117参照）を行いました。

　体感覚の強い生徒で，身体を使ったワークで，本人の気づきや自分を客観視する必要がると判断したからです。

　まずは，現在の位置に椅子を用意し，座ってもらいました。そして，現在の自分をイメージし，見えるもの，聞こえてくる言葉や周りの様子などを聞

いていきました。
　次に，2メートルほど離れた椅子を示し，「あの椅子は，自分の願いがかなった未来を体験できる椅子です。現在の自分の感情と体をここに置くつもりで抜け出し，未来の椅子に向かて歩きましょう」
　未来の自分の椅子に座ってもらい「すでに願いを達成した未来の自分と一体化してみてください」と声をかけ，先ほどと同様に未来の自分が見えている様子や聞こえていること，感じていることを尋ねました。
　「楽しい」「グループで笑っている自分がいる」「友達と話しながら，（2年生になったときの宿泊研修で）活動を決めている」などの言葉が出てきました。
　未来の椅子に座った状態で，現在の自分へメッセージを送ってみようと声をかけました。
　生徒自身の口から自分自身に「（人に合わせるのではなく）自分を生きろ」「前だけ向いて，生きろ」と伝えていました。
　その後，自分で自分に言った言葉に驚いていた様子で，教室に戻っていきました。
　次の面談では，「スモールステップコーチング」（p.117参照）で，目標を具体的に決めることができ，現在は，その目標に向かう具体的行動の支援をしています。

現場力 アップのポイント

　子どもたちの中には，非常に感覚的で，言語のアプローチではうまく変化が起きないタイプの子がいます。そういう子は，いったん入り込んだ感情からなかなか抜けることができません。
　そこで，逆にその傾向を生かして，体を動かしたり，感覚的なワークをすることをおすすめします。
　この事例では，初めに「人と関わるのがめんどくさい」という言葉で自

分の状態を完結させてしまっているので，抽象的な言葉をそのまま扱わず，具体的にしながら，「本当は何が問題なのか，何を求めているのか」と内面に切り込み，本音を引き出しています。

　せっかく願いが出てきたのに，それがうまくいかない原因を取り除こうとすると，生徒の意識は，「うまくいかない原因（壁）」を意識していまいます。すると，脳は「痛み」を感じ，「やっぱり無理だ」と感じてしまいます。

　そこで，立ちはだかる壁ではなく，すでにその壁を乗り越えて，達成した未来を体験させるという質問をしていくのが「未来の椅子」のワークです。

　わずか２メートルの距離でも，脳は，実際に移動することで，本当に現時点から未来に行ったととらえます。その習性を利用したワークです。

　そして，その願いを達成した未来に入り込んで，イメージの中で体験すると，感覚に変化が起きます。

　この状態から，現在の自分を見ると，自然とアドバイスが出てきます。誰かのアドバイスではなく，自分自身の中から出てくるアドバイスなので，納得度が違います。

　このような感覚に直接アプローチする方法は，短時間で，「無理」を「できるかも」に変えていきます。

ケース13　体調不良で来室が続く小6女子児童

> **事例**　小学6年生のN子。夏休み明けから風邪症状で来室が続いていました。受診して，諸症状は緩和しましたが，頭痛が残っていて，来室が3〜4日続いていました。

こんな対応

　連日の体調不良から，メンタル面で何かあるのではと，ベッドに休養させた状態で，カードを見せながらの「ふみふみリフレーミング」（p.117〜参照）をしてみました。（カードの言葉が若干難しいと思われた部分に関しては，やさしい言葉に言い換えて伝えました。）

養　「2学期になってから調子がすっきりしないね。お薬もそろそろ終わるころかな？」

N子　「うん。でも，頭が痛いのが続いてる。今日も先生が保健室に行ってきたらって」

養　「そうなんだ。すっきりしないね。どうして頭が痛いの続くのかな？　このカードを使って一緒に考えてみようか？」

　N子が，OKを出したので，早速やってみることにしました。

養　「今ね，何か気になってることとか，嫌だなって感じてることある？（カードS）」

N子　「うーん。体操教室のことかな。今日，体操教室があるんだけど，休みたい」

養　「そうなんだ。体操教室が嫌だなって感じるのはどうしてかな？（カードC）」

N子　「だって，先生が嫌な感じだから。前の先生のほうがよかった」

養　「へぇー。そうなんだ。先生が変わったんだ」

N子　「うん。今の先生ね，ちょっと言い方とか好きじゃない。それに注意されることが多い」

養　「ふーん。でも，N子ちゃんは，体操教室に行ってるよね（カードRにつなげる）」

N子　「うん。前の先生のとき，○○○っていう技をずっと練習していたらできるようになったんだもん」

養 「そうなんだ。N子ちゃんの中には,『コツコツやれるンジャー』がいるんだね(「あるあるレンジャーカード」(p.116参照)も登場させました)」
養 「それって,N子ちゃんのもってる力だよね(カードRをこちらから伝えた)。これから どうなりたいのかな?(カードO)」
N子 「いろんな技ができるようになりたい。今はね〇〇〇っていう技ができるようにって練習してるんだけど……。あっ!! 先生,目標だ! 私,今,目標がなかった」
養 「目標?」
N子 「〇〇〇ができるようになりたいんだった!!」
養 「そうか。目標ね」

　この後,授業終了までベッド休養し教室へ戻りました。この日の再来室はありませんでした。翌日,保健室前を歩いていたN子に声をかけ,下校後のことを聞いたところ,体操教室に行ったということでした。表情も明るくなっていました。担任に様子を聞いてみたところ,自分から担任に話しかけてくるようになり,体調不良を訴えることもなかったということでした。

現場力アップのポイント

　子どもたちは,何か気になっていることがあると,それが身体症状となって現れます。メンタルな部分からきているのかなと思っても,本人が体調不良とそのことが結び付いていないことも多々あります。この事例では,「ふみふみリフレーミング」という手法で,N子の思考の整理を手伝っています。体操教室の指導者が変わり,今までのペースと変わったことにこだわっていましたが,カードを使って整理していくうえで,自分のやりたいことが何だったかを思い起こすことができました。体操教室の先生が変わったから嫌だったと言っていたのですが,思考整理をすることで,モヤモヤしていたものがすっきりしたようです。子どもたちは,問題について困っていることも確かにあるのですが,試行が整理できないからモヤモヤしているということの方が多いように思います。

自分のことに目が向けられないうちは，意識が外に向き，他人を批判したり，自分以外のところに目が向きます。表面的にはそれがいかにも問題であるかのように見えるのですが，本当は自分自身の問題だったということに気づけば，状況は何も変わらなくても，子どもはあっという間に元気を取り戻します。原因を探してその原因を取り除くことばかりが，対応ではないのです。

COLUMN❶ 「ＮＬＰ心理学」って何？①

ＮＬＰは，1970年代のアメリカで開発された心理学です。開発者は，カリフォルニア大学の助教授だったリチャード・バンドラー氏と，その大学院生のジョン・グリンダー氏の２人です。

当時のアメリカは，ベトナム戦争の帰還兵の心のケアが社会問題となり，精神世界への意識が高まり，多くの心理療法が生まれました。そんな中，バンドラーとグリンダーは，「どの心理療法が一番すぐれているのか」ということの研究を始めました。

しかし，研究の結果，分かったのは，心理療法の流派のよい悪いではないということでした。さらに，流派は違っても，「天才」と呼ばれるセラピストには，どうやら共通のコミュニケーションのパターンがあることに気づきました。

そこで，バンドラーとグリンダーは，当時，精神科医も見放した重症の患者を短期に変化させた「天才」と呼ばれるセラピスト３人（「催眠療法」：ミルトン・エリクソン，「家族療法」：ヴァージニア・サティア，「ゲシュタルト療法」：フリッツ・パールズ）を徹底的に研究しました。

そして，そのエッセンスを一般の人が使えるように体系化しました。これがＮＬＰ心理学です。日本では「神経言語プログラム」と呼ばれています。　　　　　　　　　　　　　　　（p.71のコラムに続く）

ケース14 早退を嫌がる特別支援の必要な女子高校生

> **事例** 不安傾向が強く，不安定になると病院で処方された頓用薬を頻繁に飲みに来る高校生（特別支援）D子。泣きながら保健室に来室しました。朝から不調で，泣いたり，拳を打ち付けたりする自傷行為もみられました。そのため，早退をすすめましたが「親には言ってほしくない」と言って，早退を拒んでいました。

こんな対応

　学校で不調な状態になっていることを，親に知られることを非常に嫌がることを疑問に思いました。いろいろたずねていくうちに，「母親＝怖い」という想いがあることが分かってきました。また，彼女の話の中の抽象的情報を具体化する作業（チャンクダウン）の必要があると判断しました。

　一つ一つ嫌な言葉や表現について，「具体的には？」などの質問をしながら，うまく言語にならない部分を引き出しました。すると，次のような状況が分かってきました。

養　「お母さんが怖いというのは，具体的には，何が怖いの？」
D子「叱られるから」
養　「どんなことを言われて叱られるの？」
D子「『何で早退したの！』って言われて，『分からない』って言うと，『分からないことはないでしょう！』と言われるから」

　まだ起きていないことを想像して心配していることが分かります。

養　「最近，他に叱られたことはない？」

　他に，最近叱られたエピソードについて，一つだけ聞きました。あえて一つだけ聞いたのは，たくさん聞くことで，意識を必要以上に過去に戻し，さ

らに負の感情が増大する恐れがあると思ったためです。

養 「今回不安に思っていることと何か共通点はないかな？」
D子「『分からない』と言ったら叱られて，それによってまた叱られるかなと考えて不安になる」

　母からの問いかけに本人が「分からない」と答えることで，母がいら立つというX＝Y（「分からないと言う」＝「母の怒り」）の無意識の方程式が，D子の中にあるということが分かりました。本人も，「分からない」という言葉が，母が怒るのと関係ありそうだ，とパターンに気づくことができました。養護教諭は，「分からない」という言葉は，母親が苦手な言葉かもしれないという視点から，言葉を変えて伝えてみることを提案しました。具体的には，「うまく言えないけど，○○と思う」などの言い方に変えてみること，もちろん，自分の思うことがあれば，正直に言ってもよいということを確認しました。

　この面談の後，表情が明るくなり，自ら教室に向かうことができました。

　母親には，担任を通じて連絡して事情を説明していただき，「自分から伝える練習をしているので，いつもよりゆっくりと聞いてください」とお願いしました。実際には，彼女の母親は非常に穏やかで，「本人の気持ちが落ち込んでいるときは，普段より言葉がきつめにとらえられてしまうのではないか」と話してくださいました。

現場力 アップのポイント

　特別支援が必要な子どもで，言葉を使うことができるが，表現が未熟な場合がよくあります。そのため，こちらの言葉がどこまで理解できたか，また，本人の発している言葉がどこまで本心や事実を語っているのかを細かく読み解く作業が必要です。特に，年齢が上がれば上がるほど，本人の様子と言葉のギャップに誤解を招いてしまうことも多いと思います。今回のように，気づきを起こす質問と，具体的で実施可能な対策でクリアできる可能性が高くなります。

ケース15 身体的特徴で友達にからかわれる小6男子児童

> **事例** 小学6年生T男が，困っていることがあるので聞いてほしいと相談にやってきました。クラスの女子グループから，容姿（ゆるいくせ毛であること）を「チリチリ」などとからかわれるので困っている，という相談でした。しかし，くせ毛であること自体，自分自身はそんなに嫌なことだと感じてはいないということでした。

こんな対応

　自分では，髪の毛のことが嫌ではないので，相手の子があれこれ言ってくることについて，違うとらえ方ができると，感情的な影響が小さくなると判断し，アプローチしました。

　まず，相手との「ポジションチェンジ」（p.118参照）を試してみました。自分が座っている椅子の向かいに相手の椅子を置き，自分から見た相手の見え方や，相手に言いたいことなどを伝えてもらいました。そして，次に，向かいの相手の椅子に座り，相手になりきって，いつも言われているようなことを自分に向かって言ってもらいました。

T男「からかったときの反応が面白いので，どんどん言いたくなる……」

　ここで，客観的視点から今回の出来事を見るために「スタジアムビューイング」（p.118～参照）のワークを行いました。相手に言われている状況をイメージして，そのときの感情や感覚を思い出してもらい，続いて，感じている感情から抜け出すように一歩ずつ下がり，椅子の上に上がってもらいました。椅子の上から自分の状況を眺めると，出来事を客観的に見る視点に立った様子でした。この位置から眺めてどう感じるのかと尋ねると，「ここから見ると，こんな出来事，放っておけば大丈夫なんじゃないかな」と自らとら

え方を変えることができました。何週間か経って，その後どうかとたずねると，「もう，何でもないですよ」とのことでした。

> **現場力 アップのポイント**
>
> ここでは，とらえ方を変えるために，言語ではなく「ポジションチェンジ」と「スタジアムビューイング」というワークを活用しています。言語表現やボキャブラリーの少ない小学生でも，本人も楽しんでやってくれたので，よかったと思います。このような相談では，相手との関係を深く探ってしまいがちになると思います。感覚的なワークの組み合わせによってとらえ方が変化し，「問題」は「自分が問題だととらえていたこと」というリフレーミング（これまでとは違うとらえ方）を起こした事例です。

COLUMN② 「ＮＬＰ心理学」って何？②

ＮＬＰは「言語がどのように人間の神経系に働きかけるのか，言語化することがどのように私たちの，考え，感じ方　行動，話，行動のプログラムを作り出すのか」を徹底的に理解する心理学です。

開発当初は，当時アメリカで社会問題となっていたベトナム戦争の帰還兵の心のケアのために使われ，大きな成果を上げました。

ＮＬＰは現在，心理，医療の治療だけでなく，教育，スポーツ，そしてビジネスの世界でも活用され，数々の成果を収めています。特にアメリカでは，クリントン大統領やレーガン大統領，テニスのアガシ選手などが，ＮＬＰやＮＬＰを活用したコーチングを受けていることがよく知られています。最近では，オバマ大統領のスピーチがＮＬＰの概念を使ったとして話題になっていました。

最近は，言語学と心理学だけでなく，人間工学，物理学，量子力学など，様々な学問を取り入れて進化を続けています。

ケース16 肥満傾向の高校生

事例 体重が増えすぎてしまい、肥満指導が必要な高校生。特別な支援を必要とする生徒です。できていないことを指摘されると、かたくなになってしまうため、指導にも配慮が必要で、担任から養護教諭に対して、専門的なアドバイスを求められたケースです。

こんな対応

　養護教諭と担任とがチームを組んで、同一歩調で関わっていくことにしました。本人と話し合いをし、目標を設定しました。この目標を達成するために「スモールステップコーチング」（p.117参照）の方法を用いることにしました。これは、「最悪の状態を0点、理想の状態を10点」としたときに、今の自分の状態を点数化し、そこから理想の状態に向って少しずつ行動していくためのコーチング的アプローチです。

　本人は現状2点としたので、そこからスタートです。
　「今、すでにできていることは？」（できていない部分に目を向ける前に、すでにできているところを明確にしてこれを承認する）
　「10点満点に到達したとき、どのように現実が変わっているか」
　「2点が3点になると、今とどんなことが違うのか」
を、本人のペースで考え、言語化してもらいました。このときに本人が答えたことに対し、肯定的なメッセージを伝えるようにしました。
　さらに、行動化をうながすために次のような質問をしました。
　「では、まず2点を3点にするために、何かできることはない？」ということを一緒に考えました。そして、「毎日できる運動（散歩）を開始する」という具体的な行動を決めることにしました。養護教諭は、体重は毎日同じ

時間に測定しました。定期的にグラフをつけて結果を視覚で把握できるようにしました。主治医がいるので，減量を開始することを定期受診のときに相談もしました。実際に「スモールステップコーチング」では，次のように声掛けをしました。

・グラフに記入した体重の数値が前回より減っていたら，担任や養護教諭から「やったね！　すごい！」等の声掛けとメッセージを記入。
・体重が増えていたら，思い当たる理由（言い訳…昨日はおやつをおかわりした，排便がなかった等）の言い訳を書いてよい。

担任からは，体重に関してのコメントは控え，「寒かったがいつもより長い距離がんばった」等のＯＫメッセージを記入していただきました。また，長期休業中は家族にも協力してもらい，家庭でグラフをつけるようにしていただきました。その結果，約半年のコーチングで10キロ近い減量に成功しました。

現場力アップのポイント

　肥満の問題は，習慣や嗜好，家族的な問題，心理的な影響等様々です。
　大きな減量のための指導をする際は，特に，主治医への相談は絶対に欠かせません。だからと言って，様々な「制限」ばかりを感じさせる指導も，本人にとっては苦しいものもあります。
　コーチング的なアプローチでは，次回までの「小さな行動の約束」と「振り返り」を繰り返し，目標の達成まで伴走していきます。もしも，小さな約束が果たせなかったときも，責めずに「うまくいかなかったことで，何か気づいたことはあった？」という質問をし，答えに対しても肯定的フィードバックを繰り返していきます。決して，その子を否定するのではなく，「うまくいかなかったのは作戦ミス。1点だけ上げるために，もっといい作戦や方法があるかどうかを考えてみよう」というスタンスで臨むことが大切です。
　子どもたちは，自分の意見に対し，ジャッジすることなく対応してくれる大人に「自分への信頼」を感じ，心を開いて行動への自信をつけていきます。

ケース 17 友達に怪我をさせた中2男子生徒

事例 普段から，自分の気持ちをうまく表現できないため，思わず手を出してしまうこともある中学2年生のE男。この日も，人間関係のトラブルから，友達に怪我をさせてしまいました。

▶ こんな対応

　怪我をした生徒の手当てが終わる間，保健室で待たせておきました。怪我をした生徒をいったん教室に戻し，怪我をさせたE男と2人で話をしました。
　相手の子も一度に話を聴くと，「言った」「言わない」の言い争いになる可能性があるからです。必ず，別々に話を聴きます。

養　「今回，あなたが，彼をなぐってまで本当に伝えたかったことは何だったのかな？　たぶん反応的に手が出たのだと思うけど，少し冷静になった今なら，考えることができるかな」
E男　（しばらく無言）「おれが一番，言ってほしくない言葉をあいつは言ったんだ。チビって」
養　「そうか，それを伝えたくてなぐったのね。そしたら，どうなったんだった？」
E男　「怪我をさせて……担任と学年主任に叱られた」
養　「うん。じゃ，本当に伝えたい想いを伝える手段として，なぐるという"方法"は，機能しないってことだと思うんだけどどう？」
E男　「そうだと思います」
養　「あなたが自分の想いを伝えたいと思う気持ちは，悪いことでも何でもない。でも，伝える方法は考えなきゃいけない。もっと違う方法はないかな？」

　E男は，しばらく考えて，「ちゃんと言葉で伝える」「いったん深呼吸をする」など，自分からこれからの行動を考え始めました。
　最後に，養護教諭が「では，今回怪我をさせた相手には何を伝える？」と，

尋ねると，「謝ります。それから，チビっていう言葉はすごく嫌なんだって伝える。クラスのみんなにも伝える」と答えました。

職員室でも保健室でも叱られると思ってしょげていた彼は，気持ちが前に向いたのか，元気に教室へ戻っていきました。

> **現場力** アップのポイント
>
> 　友達に怪我をさせた子どもに対し，つい言ってしまいがちなのは，「なんで，そんなことしたの！」という言葉。この言葉は，一見質問のカタチをしていますが，答えを求めていない場合が多いのです。このように問いただされると，人間の思考の焦点は「過去と問題」に向かいます。「なんで！」という言い方は，言われた側をどうしても「守り」に入れてしまいます。
>
> 　怪我をさせたことについては，きっちりと叱る必要がありますが，忘れてはならないのは，この出来事を通して「学びや気づきがあり，今後どうするのか，具体的に何をすればいいのか」を自分自身で考え，行動しようとする一歩をつくることです。
>
> 　子どもたちは表面に出てくる言動と実際の想いにズレが起きることもあるので，「本当は何が伝えたかったのか」というその子の「考え」を引き出し受け止めることは大切なことです。そのうえで「そのため，そのやり方ではうまくいかないのだ」ということに気づかせていくことで，人格と行動を分けた指導が可能となります。
>
> 　注意すべき点，改善していくべき点が明確になり，自分自身の尊厳が傷つけられないと分かれば，子どもたちは具体的な行動を自ら考え始めます。

ケース18 彼の気持ちが分からないと泣きじゃくる中2女子生徒

> **事例** 中学2年生の女子。付き合い始めて3か月たった彼氏の気持ちが分からない，本当は嫌いなのではないかと不安になり，泣きじゃくって来室しました。「彼が，部活が忙しくてメールをしてもなかなか返事くれなかったり，いろんなことですれ違っている感じがして悲しい。お腹が痛い。胸も苦しい」と身体症状も出していました。

こんな対応

　話が聞ける状態ではなかったのですが，「彼の気持ち，知りたい？」と尋ねると，うなずきました。

　「じゃ，面白いことやろうか？」といって「ポジションチェンジ」(p.118参照) というワークをしました。

　泣きながらも，「彼の気持ちが分かる」という言葉に，すんなり応じてくれました。

　彼女の目の前に，もう一つ椅子を置き，「目の前に彼が座っていると思って，言いたいこと言ってごらん」というと，「声に出したくない」というので，「声に出さなくてもいいよ。心の中で伝えてもいいよ」と言うと，椅子をじっと見つめて何か伝えている様子でした。

　「じゃ，ちょっと立ち上がって，ここにきて」と言い，少し離れたところから2人の関係を見ました。

　彼女は「私ばかりが一方的に見ている感じがする」と話してくれました。

　次に，養護教諭が「彼の椅子に座って，彼自身の呼吸とか体温を感じながら彼自身の中に入ってみて」，と誘いました。どちらかというと感覚的で，アソシエイト（臨場感をもって再体験）しやすい生徒なので，それもすんな

りとできました。

　しばらくして，「どう？　彼自身になって，目の前の自分に言いたいこと言ってみて」というと，パッと顔が明るくなり，「先生，もう大丈夫です。分かりました。彼の気持ち分かりました。私，もう大丈夫です。ちゃんと，彼は私のこと大事に思ってくれていました」と，立ち上がりました。

　「そうか，よかったね。じゃ，もう一度自分の椅子に戻ってね」と自分が最初に座っていた椅子に座ったときには，すでに腹痛も胸の苦しさも消え，笑顔になっていました。

現場力 アップのポイント

　最近は，保健室の相談にも中学生の恋愛相談が多くなってきました。男女交際においては，特に「相手はどう考えているのか」を勝手に想像し，自分で負のループに入り込んでしまう子が多いように感じます。

　人生経験の少ない中学生は，「相手の立場になってみる」ということが，充分に想像できないことがあります。言語表現ができる生徒であれば，支援者とのやり取りの中で気づくことも可能ですが，感覚的な生徒は，正論や言語によるやり取りでは，なかなか納得しません。

　そうした感覚的な生徒が「そうか！」と納得するには，感覚で感じ取らせるアプローチが効果的です。

　この事例で紹介したのは，「ポジションチェンジ」というアプローチです。自分自身の視点と相手の視点の両方からお互いの関係や感じていることを体感することで，相手の想いを感じ取ることができます。この事例でも，無理に言葉に出すことなく，感覚だけで相手の想いを感じ取っています。

　理屈で分かることより，感覚で分かるやり方の方がマッチする生徒もいます。相手の特性に合わせてアプローチを変えていくことは，短時間で効果的にリフレーミング（これまでとは違うとらえ方）を起こすために重要なポイントになります。

ケース19 友人に裏切られたと落ち込む中2女子生徒

> **事例** 中学2年生のA子は,「2年生で同じクラスになって意気投合した友人B子が, 休み時間になっても勝手に一人で図書館に行ったり, 部活が終わっても待っていてくれなかったり, とても寂しい。親友だと思って信じていたのにとても悲しい」と, 泣いて来室しました。

こんな対応

A子 (泣きじゃくりながら)「先生, B子は,『私たち友達だよね』って言ったくせに, すごく私に冷たいの」
養 「具体的に何があったの?」
A子 「私のこと, 無視している」
養 「無視って? 例えば?」
A子 「休み時間, ふらっと私を置いてどっか行っちゃうし, 帰りも待ってくれないし。仲のよい子たちは, いつも休み時間になると一緒にトイレ行ったり話をしたりして楽しそうなのに」
養 「そうなんだ。それを, 無視されているって思っているのね」

　この生徒が少し落ち着き始めたところで, 次のように聴いてみました。

養 「あなたにとって, 友達であるって具体的にどういうこと?」
A子 「いつも一緒にいてくれること, トイレも, 職員室いくのも, 下校もいつも一緒でそばにいてくれること」

　話を聴いていて, 引っかかったのが「友達だったら, いつも一緒にいるはず」という彼女の強い決めつけでした。そこで, 放課後に, 養護教諭と本人(A子)と相手の子(B子)も交えて, 話をしてみないかと提案しました。担任と部活動担当には, 養護教諭から事情を話し, 部活動への参加時刻が遅れることを承諾していただきました。

放課後，うつむきながらも，Ａ子は，「Ｂ子が私のことを友達って言ってくれたから信じていたのに，Ｂ子は，休み時間になっても勝手に一人でどこかに行ってしまうことがすごく嫌だ。悲しい」と伝えることができました。
　養護教諭からは，次のような補足をしました。
　「Ｂ子ちゃん，Ａ子ちゃんにとって友達の意味は，いつも一緒，どこでも一緒にいてくれるっていうことみたいなの」
　Ｂ子は「え！　そうなの？」と，かなり驚いていました。
養　「Ｂ子の友達っていう意味が少し違うんじゃないかなって思ったんだけど，どう？」
Ｂ子「私にとっては，友達って別にいつも一緒にいることではないの。それぞれの時間も大切にしてあげたいし，私もそうしてほしい。でも，もしも，Ａ子に何かあって，誰もＡ子の味方がいなくなっても，私は最後まであなたを守る。そばにいる。それが私にとっての友達の意味」
　今度は，Ａ子が驚いていましたが，自分の勘違いが分かり，Ｂ子に素直に謝り，お互いに歩み寄ることができました。

現場力 アップのポイント

　子どもたちのトラブルを見ていると，お互いがもつ言葉の意味付けの違いを理解することなく，反応しあっているということが多いように思います。
　誰もが当たり前のように使っている言葉でも，その意味付けはみんな微妙に違います。それは，人生の体験や経験が違うからです。
　今回は「友達」という言葉がもつ意味の違いによるトラブルでしたが，同じようなことは，子ども同士だけでなく，大人と子どもの間でも，起きています。
　子どもたちのトラブルにおいて，キーワードになる言葉があるとしたら，その言葉に対して，それぞれがどういう意味付けで使っているのかを，明確する必要があります。それを行うだけで，単に誤解を解くだけでなく，お互いの理解をより深める副次的効果も期待できます。

友人トラブルから教室へ行けなくなった中2女子生徒

> **事例** 中学2年生のF子。教室で，友人とうまくいかず，不適応を起こして教室へ行けなくなった子です。スクールカウンセラーが対応していましたが「過去のことばかり聞かれて重くなるから，嫌だ」と保健室へやってきました。

こんな対応

「ちょっと面白いことやってみない？ 気持ちの整理ができるよ」と，誘い，「ふみふみリフレーミング」（p.117〜参照）というアプローチを行いました。カードを床において，カードの前に立ち一つ一つ質問しながら，移動してもらいました。

質問「何が問題ですか？」
F子「Aさんが学校へ来なくなって，グループの他の人と話しにくくなった」
質問「その原因は，なんでしょう？」
F子「BさんとCさんは後から悪口を言うから，話を合わせられない」
質問「どうなることを望んでいます？ どうしたいですか？」
F子「Aさんと一緒にいたい。Aさんがいないといつも1人だから」
質問「その願いが叶ったら，どんないいことがあるの？」
F子「一緒にいる人がいてくれる」
質問「今，何が問題ですか？」
F子「何でも人に話してしまう人がいて，グループにいても安心して話せないこと。本心を話す友達がいないことが問題」
質問「その原因は何でしょう？」
F子「同じグループの人と本当は仲よくない。Bさんが信用できないこと」
質問「どうなりたいですか？」
F子「同じグループのDさんは信用できるから，一緒にいて欲しい」

質問「解決する力をあなたはもっているんだけど,何だと思う?」
F子「Dさんは誰とでも仲よくできる人だけど,すぐにBさんのところへ行っちゃう。でも他のグループの女子とは話せるから,1人でいることがあっても少しは大丈夫」
質問「問題はなんだったかな?」
F子「一人ぼっちになってしまうこと」
質問「その原因は何でしょう?」
F子「クラスはグループがあって,2人組はとても仲よしで入っていきにくいし,イメージの悪い部活のグループや地味な人たちのグループは私には合わない」
質問「どうなりたいの?」
F子「信頼できる人の中にいたい」
質問「その願いが叶ったら,どんないいことが待っているの?」
F子「一人ぼっちじゃない,楽しい毎日」
質問「本当の問題は何だろう?」
F子「分かった,自分だ!! 自分の気持ちだ!! 自分が勝手に一人ぼっちだと思っていた」
質問「教室に戻って,休み時間になったら,一番に何をしてみる?」
F子「悪口を言わないEさんに話しかけてみる」

現場力 アップのポイント

　子どもたちの話を,ただ傾聴するだけでは,子どもによってはかえって自分の思い込みを増幅させ「ほら,やっぱり悪いのは周り。私は犠牲者」という考えを強化する恐れがあります。
　そこで,シンプルな質問を繰り返すことで,子どもの内面を一つ一つ整理していくワーク「ふみふみフレーミング」で取り組んだ例です。質問は,「問題」→「原因」→「望む状態」→「解決のために役立つもの」→「解決するとさらにどんないいことがあるのか」の質問を繰り返します。解決してあげる,アドバイスをするというスタンスから,自らが本当の問題に気づくことで,自分が起こすべき行動を自分から引き出していきます。

友人のLINEいじめを止められない女子高校生

事例 高校3年生のA子。クラスの女子たちの人間関係での悩みで来室しました。B子（性格の強い，周りを振り回すタイプ）と行動を共にしているが，彼女との関係について「疲れる，できれば距離をとりたい」と，抑えていた感情を吐き出すように泣いていました。
「B子は，C子をターゲットに悪口を言いふらしたり，LINEなどで無視するなど，嫌がらせがひどい。そんないじわるはやめてほしいと思ってるのに，言えない。もし，そんな忠告をしたら，今度は自分がターゲットになるのでないかと不安になる」と訴えました。

こんな対応

A子が，今の状況に対して，行き詰っていることが，彼女の話から分かりました。
「B子と離れるか，今までどおりにするか」という葛藤をしているようでしたので，まずは，今の状況を客観的に，いろいろな視点からみることで，状況に対する感じ方に変化が起きるのではないかと，「4つの椅子」というワーク（p.119参照）をしました。
これは，それぞれの椅子にそれぞれの立場の視点を置いて，この状況を眺めてみるというシンプルなアプローチです。4つの椅子は，それぞれ「自分」「B子」「C子」「3年後の成長した自分」としました。
それぞれの椅子に座って，その立場になりきって，状況がどう見えるか，状況の中の自分に対して言葉をかけてみたりします。
最後に，3年後の自分の椅子に座って，今の自分に向かってメッセージをかけた際には，「そんなことどうでもいいから勉強しろ〜」と言って笑い出

しました。

　自分の状況に対して，客観的になれたところで，「質問カード」（p.116参照）を使いました。

　1枚目「何を一番分かってほしいと思っていますか？」という質問にA子は，「みんなに，本当の自分を分かってほしい」と答えました。2枚目「それは実際にあったことですか？　それともそうではないかと思ったことですか？」という質問では，A子は笑い出してしまいました。

　5枚のカードを引いた後は，「私は奇跡が起こせると思う」というかなりポジティブ発言も出てきて，笑顔で教室に戻っていきました。

現場力アップのポイント

　人間関係のトラブルでは，相手側との関係を改善するという方向での解決を考えがちです。もちろん，それも大切なことです。しかし，まずは相談している本人が自分の思考パターンや感情にはまり込んで視野が狭くなっている状況（アソシエイト）から，脱出させる状況（ディソシエイト）にすることが必要です。

　その方法として，ここでは4つの椅子にそれぞれ違う視点を設定して，見方を変えるというワークをしています。たったこれだけのことですが，短時間で出来事に対する「意味付け」に変化を起こすことができます。

　感情的に抜け出すことができて初めて，カウンセリング的アプローチやコーチング的アプローチが可能となります（ここでは，「質問カード」を使ってアプローチをしています）。

部活動内のトラブルから部活へ行くのを嫌がる中1女子生徒

> **事例** 中学1年生のL子が、バスケット部に途中入部し、2か月程経過したころ、保健室に来室しました。「先輩が悪口を言うので、行きたくない。顧問にも相談したが、そのときだけちょっとよかっただけ」と訴えました。

こんな対応

　L子の話から、一連の出来事を自分の思考パターンや決めつけで見ているように感じられました。

　そこで、視点を変えてこの状況をみてもらうため、「4つの椅子」のワーク（p.119参照）を行いました。4つの立場は「もう一人の自分」「顧問」「先輩」「同学年の部活の生徒」としました。それぞれの椅子に座って、自分がその立場にアソシエイトした（五感を十分に使って、臨場感をもって同一化し、入り込んでいる）状態で、今の状況を眺めてみるように伝えました。

　もう一人の自分からL子自身の姿や今の状況を見てみると、
「考え方狭いなぁ。行動することに怯えてるみたいに見えます」
　顧問になりきって、今の状況の中のL子を見てみると、
「全力でやってないじゃないか。人と話すことが少ないなぁ。ちょっと奥手なだけなんだけど、考え過ぎて行動が狭くなってるように感じる」
　先輩の視点からは、
「L子ちゃんはちょっとどんくさいなぁ。理解するのに時間がかかる気がする。初心者だからなぁっていうレッテルを貼ってしまっている感じ。L子ちゃんは何か気持ち悪いって感じてる」
　同学年の部活の生徒の視点からは、

「こちらが言ったことを理解するのに時間がかかる。ちょっと近寄り難いイメージがある。一人で考えごとをしているので近寄れないし，口数も少ない子だなぁ。どうして先輩と仲よくしないのだろうって不思議に感じている」

再び，自分自身に戻ってきてもらい，「いろんな人の立場からこの出来事やL子さん自身の姿も見ることができたね。では，出来事の中の自分にアドバイスしてみてごらん」とうながすと，「もっと気楽に話していいんだよ。疑問に思ったことは，聞きにくいことでも遠慮しないで先輩や顧問に聞けばいいんだよ」とすんなりと自分自身にアドバイスができました。

最後に「各立場を通して見えてきたことはどんなことだった？」と尋ねると，「私は，自分で一線引いていただけでした。自分で自分にアドバイスしたことをやってみます」と保健室を出て行きました。

その後は，部活動でも，少しずつ人間関係を構築し，順調に過ごしています。

現場力 アップのポイント

人間には，出来事に対して反応的なパターンがあります。起きている出来事に対して，常に自分のフィルターを通してみています。このフィルターをかけ替えようと，「もっととらえ方を変えなさい」などと大人が正論を伝えても，人生経験が少ない子どもたちには，具体的にどうしてよいのか分かりません。こうした事例の対応では，言語によるアプローチではなかなかうまくいきません。そこで，実際に相手の立場になってみるという感覚的なワークを取り入れることで，気づきが深くなります（特に言語でうまく表現できない感覚的な子どもたちには効果的です）。

こうしたワークを積極的に取り入れることで，子どもたちは自分の中にある解決策を，自分自身で引き出していきます。

ケース23 彼との関係がぎくしゃくして悶々としている女子高校生

事例 「このところ，彼となんとなくうまくいってない」とブツブツ言いながら来室した高校1年生の女子。保健室にやってきても，元気がなくちょっとイライラした感じでソファに座り込んで，「彼とうまくいかないんだよね」とは言うものの，特に相談したいとも言わないまま，ふさぎ込んでいました。

こんな対応

1回目（来室した日）

話し出すきっかけ，引っ掛かりを解くきっかけになればと，こちらから声をかけてみました。

「世の中面白くありませんって顔してるね。面白いカードあるけど気分転換にやってみる？」と「人生の魔法カード」（いろんな困りごとに役に立つ楽しい道具カード。p.117参照）を差し出してみました。

テーブルにカードを並べ「この3つがあると，毎日が変わるかも！って思うものを3つ選んでみて」と言うと，真剣ながらも笑顔でカードを選び始めました。

「『瞬間移動ボックス』がほしい。学校の遅刻がなくなる！　家にもすぐ帰れる！　彼の家にもすぐ行ける！」など，カードを選び，その理由をけらけら笑いながら答え始めました。

自分がほしい道具について，一通り終わったところで，

「じゃ，もう少し，いろんな想いや考えを深めてみようか」と，「質問カード」（p.116参照）を取り出し，「あなたにとって今，必要な質問が出てくるよ。あなたもそう念じて引いてみてね」とうながしました。

ランダムに引いた質問はそれぞれ見事につながっており，最後の質問5枚目に「本当はどうしたいの？」というのが出てきました。
　ここで，答えに詰まり「ううう」とうなっていましたが，「やっぱり，彼は大切な人。もっとちゃんと関わりたい」と答えました。
　表情がかなり落ち着いてきたので，また，明日続きをやろうねと約束し，教室へ戻しました。

2回目（翌日）

　「今日は，もう一つ深いところを考えてみようね」と，「ふみふみリフレーミングカード」（p.117〜参照）を使ったワークを行いました。
　困ってる現状を整理しながら，なりたい目標へのアプローチを行います。
　「現状 Symptom」「原因 Cause」「目標 Outcome」「資源能力 Resourse」「さらに得られる結果 Effect」という4つのカードを歩きながら，養護教諭の質問に答えていきます。
　一歩ずつ場所が変わることで，今自分の中で何が起きていてどこに向かいたいのか？を整理していきました。そして，今回もまた，「質問カード」（p.116参照）を使ってもう一度整理をしました。
　4枚目「何を1番分かってほしいと思っていますか？」，5枚目「いつまでにどうなりたい？」この2つの質問に次のように答えました。
　「彼には，LINEとかじゃなくて，直接電話で話をして伝えたい。自分から謝りたい。今日中に仲直りするよ，先生。スマホって便利でLINEも楽しいけど。でも，長時間のやり取りをどれだけやり続けても，自分が伝えたいことが伝わらないんだって分かった。自分が本当に伝えたいことが何で伝わらないのかなって思ってた。分かってほしいことをちゃんと言わずに背中向けて，意地はってたんだよね。だから，満たされなかったんだなぁ」と結論に達しました。
　最後に，養護教諭が「いい経験してるね。そんなことを考えさせてくれる相手ってすごいよね。そして，あなたも素敵だね」と伝えると，号泣していました。

現場力 アップのポイント

　人間関係の悩みをもって来室した生徒に対し，つらい感情を受け止めようと感情にフォーカスして心を落ち着かせようとするだけでは，このチャンスを次に生かすというチャレンジになかなかつながらないと感じている方は多いと思います。養護教諭が話を聴いて導いていくという従来の方法から，生徒自身が自らの内面で絡み合っている糸をほどいていった事例です。

　ポイントとして，次のことが挙げられます。

・問題についてあれこれほじくらず，生徒が今の状況や感じている感情について視点を変えて考えるために，心のアプローチグッズを活用し，自己と向き合うきっかけとしています（今の自分を救ってくれる道具の話で，焦点が今の問題が解決した未来に動く。結果表情が明るくなる）。

・気持ちが落ち着いたところで，自分の内面と向き合うため「質問カード」を使っています。先生がする質問ではなく，自分が引いた質問と向き合うことで，生徒は自分で答えを出そうとします。

・２回目の面談では，混乱している思考を整理するために，体を動かしながらの思考や感情の整理法「ふみふみリフレーミング」を使っています。感覚的な生徒には，体を移動させながら答えていく，いわゆるスペースワークというやり方が非常に効果的です。言語表現が苦手な子は，座ったままであれこれ聞かれるのは，とても苦手です。

・徐々に本質的な問題や作り出したい状況が明らかになったところで，最後に「質問カード」を再度利用し，自分自身が何をしていくのかを自らの言葉で語るまで養護教諭が伴走しています。寄り添うとは，本来，こういうことです。感情にべったり付き合うということではありません。

・最後に養護教諭が，この出来事を「ステキな体験」と意味付けたことで，この生徒に起きた出来事は「問題」ではなく「意味ある体験」として彼女の中に深く刷り込まれています。これぞ，教育的な関わりです。

COLUMN ③ 「保健室コーチング」って何？

　私が，最後に勤務した教育困難校で，生徒たちの対応をする中で感じたのは，「受容と共感だけでは，なにも前に進まない」ということでした。だからといって，それに代わる「何か」が見つからないと悩んでいるときに出会ったのが，脳の使用説明書と呼ばれる「ＮＬＰ心理学」でした（p.67, 71参照）。このＮＬＰを現場で実践・検証し，「保健室」という現場で活用できる形にまとめたものが「保健室コーチング」です。

　「コーチング」という名称がついているため，立ち上げの当初は，「なぜ，保健室でコーチングなのか。子どもへの心のケアはカウンセリングと決まっている」という強い批判を受けることもありました。しかし，実際には，保健室コーチングは「カウンセリング」と「コーチング」の両方を含む総合的なアプローチ方法です。「言語」「感覚」「フィジカル」の３つの視点で関わっていきます。同時に，養護教諭の交渉術，教育的指導力，リーダーシップに関する力量もコンテンツに含まれています。

　最近になってやっと，文部科学省も「コーチング」「脳科学」を教育現場で活用しようという動きを見せています。一口にコーチングといってもいろいろなものがあります。一つだけ危惧するのは，カウンセリングが教育現場に入ってきたときと同様，「現場を知らない人たちが，やり方だけを導入しよう」とすることです。

　どんなにすばらしい手法でも，それを「自分の現場」で検証し，現場に合った方法にしていくことが必要です。今後，どんな手法が入ってきても，絶対に忘れてはならないことがあります。

　それは「手法が素晴らしいのではなく，すばらしいのは常に人間の可能性」ということ。何かのスキルが人を変えるのではなく，人間を高めていくのは，常に潜在的な可能性なのです。

ケース24 志望校が決まらない中2男子生徒

事例 そろそろ志望校を選ばなくてはならない時期となったある日。中学2年生の男子生徒が「高校卒業後,大学進学を考えているので,地域にある普通科のどちらを選んだらいいのか,迷っている。成績でぎりぎり引っかかりそうな感じです」と相談にやってきました。

目の前の選択肢に対し,あれこれ考えすぎて,いっぱいいっぱいになっていて,頭の中が整理できないという様子でした。この生徒はどちらかというと言語表現も苦手であり,うまく自分が感じている感覚を言葉にするのが苦手なタイプで,自分の考えが整理できないことに関しても,少々イライラしているとも話していました。

こんな対応

「未来へのタイムライン」(p.119参照)を活用しました。

現状から,2つの「A高校」「B高校」と設定した未来ポイントまで,それぞれ歩かせてみました。このとき,本人の口からは実際の高校名は出させていません。言わなくてもできるこのワークは,クライアントの抵抗が少ないので取り組みやすいという特徴があります。

・A高校の未来体験をするため,現実ポイントからA高校の未来ポイントへ移動し(すんなりと移動できた),A高校での未来を体験(「自由な感覚。楽です。楽しい」という反応)
・体験が終わったら現時点に戻る
・B高校の未来体験をするため,B高校の未来ポイントへ移動(足取りはゆっくりで,言葉は少なかったが,しっかり体感できている様子。何度か躊躇したり,現時点に戻る際も「大変そうだ」とつぶやいていた)

B高校の未来体験を終え，感じていたことについて質問すると，「背中に重いものを背負っている感じ」だと答えました。
　そこで，背中に背負っていると感じているものを，イメージのまま体外に取り出してもらい，色や形，重さ，感触などを表現してもらいました。
　生徒は，「ここに紫色の何か大きなかたまりがあるんです。登るのが大変そうで……」という答えが返ってきました。そして，「僕は裸で山に登ろうとしていたのかもしれない。本当は両親が応援してくれたり，教材を買ってくれたりしているのに，ちゃんと使ったり，ありがたさを感じていなかった。大切な装備だから，使えばいいんだ！」と気づいていきました。
　その後，この生徒は，この大きなかたまりにチャレンジしたいと言い，B高校に向けて受験勉強に取り組み，実際に受験して見事合格しました。合格したのちに「かたまりとは何だったの？」とたずねたところ，「今思えば，あれは自分の中にある怠け心や誘惑だったのかもしれません」と語っていました。

現場力 アップのポイント

　体感的で言語表現が苦手な子どもには，言語アプローチより，体感的なアプローチのほうが，短時間でリフレーミング（これまでとは違うとらえ方）が起きる可能性は高くなります。
　この事例では，「もしも，その選択肢を選んだら，どんな未来だろうか」という視点を提供しています。未来を想定した地点を決めて，実際に移動してその場に立つと，脳は本当に未来に来たと感じてしまうという特性を利用しています。「実現した未来をアソシエイトして体験してみる」というわけです。
　また，生徒が感じた「体の感覚」を体の外に出して（ディソシエイト），メタファー（比喩）として表現させることで，新たな気づきが自然に起きたり，これまでとは違うとらえ方（リフレーミング）が起きてきます。
　人間は，頭で分かったことより，体感的に「納得」した方に，より影響を受け，行動へと結び付けていきます。

ケース25 電車通学なら進学は無理だと悩む中3男子生徒

> **事例** 高校受験を控えた中学3年生のG男。陸上で活躍し，かなりの実力があります。高校でも陸上部に入りたいと志望した高校は，どちらも地区でも強豪といわれる陸上部があります。受験まであと2か月となったある日，重い表情で保健室に来室しました。
> 「第1志望のA高校に合格したらうれしいけど，もし，B高校だったら，電車通学になる。うちは経済的に苦しいから，A高校がだめだったら就職するか定時制に行く。親に負担をかけたくない」と話をしました。

こんな対応

養護教諭が，そのことを両親に相談したかどうかを確認すると，「話してない」という答えが入ってきました。目の前の「経済的理由」にこだわり過ぎ，大切な「自分の想い」がぶれているように感じました。

そこで，彼の焦点を，目の前に立ちはだかる「経済的理由」からいったん，はずし，未来の高校生活について考えてもらうことにしました。

養　「高校で陸上やりたいって言ってたよね。陸上部に入ったら，何の種目とか，大会でどんな結果を残したいか教えてくれる？」

G男　「中距離，長距離をやりたい。もちろんインターハイをめざすよ」

彼の目が輝き始めました。焦点が，夢が実現した未来に向かったようなので，「君は，走ってるとき，本当に楽しそうだもんね。高校の陸上部では，どんな気持ちで走ってるんだろう？」と，彼が未来をもっともっと具体的にイメージできるように声をかけました。

「先生，気持ちいいんだよ，風を切って走るとき。それから，相手との駆け引きとかさ。俺，高校では，体力とかタイムとかだけでなく，メンタルも

強くしたいと思ってる」とニコニコしながら未来をイメージできました。
　ここで，あえてこんな質問をしてみました。
　「じゃ，もし，B高校行くのあきらめてさ，就職したとして，高校卒業して，さらに3年くらいたった自分は，どんなこと感じていると思う？」自分の願う未来を見て，明るい表情になった彼は，しばらく「夢をあきらめた未来」をイメージしはじめました。表情が徐々に暗くなり，視線が下を向き，しばらく考えていましたが，「先生，俺，後悔してる。あのとき，自分の夢をあきらめた自分を，すごく後悔してる。だめだよな。やっぱあきらめちゃ……」
　やっと，ほんとうは自分がどうしたいのかに気づいた彼に，「じゃ，現実の話をしようか。あのね，もし私が君の親で，経済的な理由で自分の夢をこっそりとあきらめていたって分かったら，すごく悲しい。君のご両親ならあなたの夢を全力でサポートしてくれるよ。だから，一度ちゃんと相談してみなよ」
　彼の表情がやっと，まっすぐ前を向きました。勝手に「だめなんだ」と決めつけず，ちゃんと自分の想いも不安も両親に話をすると約束してくれました。3日後，「先生，お母さんに笑われたよ。そんな心配いらんわって。俺，陸上がんばるからね。ありがとう！」という報告をしてくれました。

> **現場力　アップのポイント**
>
> 　今，目の前の子どもは，どこに焦点を当てているのか？　その焦点を別のものに向けるのに効果的なのは，コーチング的質問です。人間は，一つのことにとらわれると，視野が狭くなり身動きが取れなくなってしまいます。
> 　ここでは，楽しい未来を想像させ，最初に志望校を決めたときのワクワク感を取り戻し，その後で，「もう一つの未来」をイメージし，体感してもらいました。その比較から，本当は自分がどうしたいのかに気づくことができました。
> 　正論や大人の価値観を押し付けるのは簡単ですが，本人が，内側から納得するためには，こうした「時制を動かしたアプローチ」は効果的です。

ケース26 志望校を決めようとすると混乱してしまう中2女子生徒

> **事例** 中学2年生の進路指導で、志望校が決まらないから相談にのってほしいと来室しました。学習能力は中の中ですが、物事を決めるのにとても時間がかかる生徒です。
> 話をしていると、いろいろ高校でやってみたいこともあるようですが、優先順位も決めることができない様子でした。

こんな対応

まずは、高校進学にあたっての一般的条件を、養護教諭のほうで紙に書いて提示し、その条件について一つ一つ確認する作業をしました。

・**通学時間**：「30分以内」「1時間以内」「1時間半以内」
・**学力とのバランス**：「ぎりぎりでも入りたい」「上位で入れる」「真ん中くらい」
・**公私の区別**：「公立」「私立」「どちらでもよい」
・**高校でやりたいこと**：「部活動」「勉強」「両方フルに」
・**将来の方向性**：「大学進学」「短大進学」「就職」

それぞれの項目を右手と左手でもって、感じる感覚を話してもらいました。3つあるので、それぞれを手に乗せて比較してもらいました。以下は、それぞれのカードを手にもったときに、生徒の口から出てたものです。

・通学時間は、電車の中で本が読めるので1時間以内がしっくりくる。
・せっかく入っても、苦しい思いをして勉強についていくのは嫌だ。
・公立がしっくりくる。私立はなんだか華やかすぎて怖く感じた。
・高校でやりたいことは「進学のための勉強だが、あまりガツガツやりたくない。自分の性格上、部活まで手を出したら、息苦しくなる感じがした。

・高校卒業後の方向性は，「大学」より「短大」に気持ちが動いた。就職は少々苦しい感覚になった。今はなんとなくだが，子どもに関わることができる仕事をしてみたいという気持ちがある。

　この作業を通して，ごちゃごちゃになっていた頭の中が整理されたようで，本人も，「なんだかちょっと机の上の掃除をしたときみたいになった」と言っていました。

　次に，この条件の優先順位を決めるためのワークをしました。

　今度は，養護教諭が，彼女が選んだカードを左右の手に1枚ずつもって，客観的な視点で，選んでもらいました。その結果，志望校を決める優先順位は，次のようになりました。

　　優先順位1　卒業後の方向性　　　優先順位2　学力とのバランス
　　優先順位3　通学時間　　　　　　優先順位4　公立

　志望校を選択する基準が明確になり，表情も明るくなってきました。「これをもって，一度，お母さんにも，担任の先生に話してみる」と，保健室を出てきました。

　その後，「保育士を育成する短大附属の私立の高校に決めたよ」と言って報告に来ました。

現場力 アップのポイント

　何かを考え始めると，自分の頭の中で収集がつかなくなり，その結果「決めることができない」「何からやっていいのか分からない」という子どもたちは，自分の内側にあるものをきちんと整理整頓していく「やり方」を知らないようです。そこで，いったん自分の内側にあるものを書き出し，一つ一つを整理する方法を伝えていく必要があります。

　選択の視点を示し，整理し，一つ一つを手に取って感覚的に比較しながら決めていく方法です。言語表現が苦手な子は，こうした感覚的なアプローチをつかうことで，自分の答えが出しやすくなってきます。

ケース27 県大会出場をめざす女子高校生

事例 陸上部に所属する高校3年生女子。高校最後の大会でどうしても県大会に出場したい,アドバイスがほしいとやってきました。

こんな対応

地区大会について,現時点での不安な点を聞いてみると,「地区大会の大きな会場で実力が発揮できるか心配」ということでした。

次に「大会での目標は何か」を尋ねると,「実力を出し切って,リレーで3位以内に入り,県大会出場の権利を獲得すること」と明確に答えてくれました。

そこで,「未来の椅子」というワーク(p.117参照)をしました。これは,実際に椅子を置いて,現時点から未来に移動し,地区大会で走っている自分を体感できる椅子という設定です。

「あの椅子に座ると,あなたが地区大会でこんなふうに走りたいんだ!という願いそのものの状況を体験できるよ。現在地点からあの椅子に向かって歩き,椅子に座ったら,大会当日の自分に一体化してね」

未来の椅子に移動し,座ったところで,目を閉じてもらい深呼吸してもらいました。

そして,地区大会の状況をしっかりイメージし,体験できるように言葉をかけました。

「さぁ。地区大会。今,リレーのスタート位置に立ったよ。スタートのピストルがなって走るよ!」

その後は,自分のイメージ力をふんだんに使って,実際に地区大会で,まさに今から走る自分になりきって,その状況で自分が走っているのを体でリ

アルに感じてもらいました。

「何が見える？　どんな声が聞こえる？　どんな音が聞こえる？　ほほにあたる風は？　走っている自分の足はどんなふうに動いている？　バトンを握っている手は？　ほら，目の前を走っているランナーに近づいてきたよ。どんどん近づいてくる，ここでスピードをぐんぐんあげるよ！　追いついた。抜いていく感覚をしっかり感じてね。さぁ，次のランナーにバトンを渡すよ。バトンを伸ばして，相手に手渡した感触もしっかり感じて！　バトンを渡してそのまま駆け抜けて……！！！　近くにいた後輩が駆け寄ってくる……細部までしっかりイメージしてね」

　顔がだんだん紅潮し，額にうっすら汗をかくくらい入り込んで未来を楽しんでいる様子でした。未来の状態のまま目を開けて，目の前にいると想定した現在の自分にメッセージを送ってもらいました。「自分を信じてやればいいんだよ。楽しもうよって，自信のない自分自身にエールを送ったんだ。不思議だけど，自分の中から答えが出てくるんだよね」と話してくれました。

　その後，彼女は，このイメージトレーニングを，当日まで何度も何度も自分で繰り返し，見事に県大会出場権を手に入れることができました。

現場力アップのポイント

　明確に目標があったので，その目標を達成した未来を，五感すべてを使った臨場感あふれるイメージトレーニングをしてもらいました。不安に意識がいっていたので，意識の焦点を「実現した未来」にもっていきました。

　五感をすべて使ったイメージトレーニングは，実はプロのアスリートが使っている方法です。脳はイメージと現実の区別がつかないという脳科学の原理を使いました。願う未来を楽しくイメージすることで，「無理かな」の気持ちを，「やってみよう」「よしやるぞ」という気持ちに向けるために非常に効果的なアプローチ法です。

ケース28 宿題になかなか取り掛かれない小4男子児童

事例 小学4年生のR男。ふらりと保健室にやってきて、養護教諭との雑談中に、「俺、宿題やろうと思ってもすぐに取り掛からないから、終わるのが遅くなる。やっていても他のこと考えたりして、なかなか進まない。やろうとする自分とやりたくない自分がいるみたい」という話をしました。

こんな対応

そこで、「あるあるレンジャーカード」（p.116参照）を取り出して、「この箱の中のレンジャーは全部自分の中にいるから、呼び出して使えるんだよ。これから宿題をするとして、どのレンジャーを呼び出したらいいかな」と聞きました。

R男は、興味深そうにカードを箱から出して、選び出しました。

選んでいるときは、「まだ見ないでよ！」と背中を向けて選んでいましたが、「コツコツやるンジャー」「最後までやりとげるンジャー」を選びました。

「一つだけ選ぶとしたら？」と声をかけると、その中から「最後までやりとげるンジャー」を選びました。

養 「このレンジャーを呼びだすと、どんなふうになるの？」
児童「このレンジャーは、自分のパワーアップを手伝ってくれるんだよ」
養 「毎日、宿題の前に、このレンジャーを呼び出してみたらどうかな？」
児童「やってみる」

このことを、担任にも伝えたところ、後日、授業中でも、何かに取り掛かる際に「今日は何レンジャーを使う？」と声をかけると、以前より断然短い時間で取り掛かれるようになったよと、報告がありました。

現場力 アップのポイント

　トランスパーソナル心理学やＮＬＰ心理学でも「自分の中にはいろんな自分がいて，必ず意味がある」というとらえ方をしています。自分自身の多面性と，それぞれ役に立つ場面があることを理解するための「あるあるレンジャー」カードを，応用的に活用した事例です。

　Ｒ男そのものがダメなのではなく，Ｒ男の中にいる「なまけものレンジャー」が，やろうとするのをじゃましてしまったり，「最後までやりとげるンジャー」が，やろうとする気持ちを助けてくれるんだよ，という説明は，子どもたちに「自分の中にいろいろな性格の自分がいて，どの自分も，役に立っている。そして，状況に合わせてそれを呼び出せばよい」という「自己認識」の概念を教えています。私たち大人も，どうしても一面だけを見て「あなたはなまけものね」などと相手を決めつけてしまう言葉をかけてしまいがちです。脳科学では，自己認識での自分の表現はそのまま自己イメージに影響すると考えられています。子どもたちの自己肯定感の向上のためには，支援する側の「自己認識」についての正しい理解が必要です。この事例のような関わり方は，新鮮なアプローチであると言えます。

ケース29 勉強が分からないという小5男子児童

> **事例** 小学校5年生のS男。普段から保健室でも関わりが多い児童です。担任から「教室で，算数の問題を解きながらイライラし，そのうちに大声で怒りはじめ，周囲の子どもたちから，『うるさい』などと言われ，泣きじゃくってしまいました。少し落ち着くまで保健室でお願いしたいのですが」と，教科書とノートも持参で保健室に連れてこられました（教科書とノートを持っていくのは本人が言いだしたそうです）。

こんな対応

ソファに座らせ，しばらくそばにいました。泣いているS男の横に座り，呼吸を合わせて心の中で「あなたは大丈夫なんだよ」とつぶやきながらしばらく待っていました。

最初は感情が高ぶって泣いていましたが，5分くらいすると，少し落ち着きを取り戻し，養護教諭に半泣き状態で「算数が分かりません。教えてください」とヘルプを出してきました。

養護教諭としては，勉強を教える前に，彼の内面がどんな状態になっているのかを確認することから始めました。

養 「今，自分の中で何に困っているのか教えてくれる？」
S男 「説明を聞いたときには分かったと思ったのに，やってみたら全然分からんかった。できない！ だから，イライラする」（再び半泣き）
養 「で？ どうするのかな？」
S男 「先生も一緒にやってください」
養 「イライラしたり泣く必要はないので，深呼吸をしてまずは落ち着こうね。落ち着いたと思ったら，声かけてね」

S男は，しばらく深呼吸をしたりしていました。

S男「先生，大丈夫な感じになった」
養　「説明されたときに分かったのなら，できるはずだね。さっきの『全然分からん〜』『できん〜』『イライラする〜』の言葉を，いったん心の中から消してみよう。『リセット！』って言うんだったよね。それができたら，『ぼくはできる，大丈夫』と自分の脳に伝えてね」
S男「あ，先生，そうだったね。忘れてたよ。さっき言ったこと，思ったことリセットします。ぼくはできる。大丈夫」
養　「OK！　じゃあ，問題を読んでください」
　S男は問題文を読みました。
養　「じゃ，やってごらん」
S男「〇〇の意味が分からないなぁ」
養　「〇〇の意味が分からないのね。で，どうする？」
S男「あ，そうか。教科書みればいい」
　　（教科書みながら）「あっ，そうだった。思い出した」
養　「あ，そうなのね。じゃ，続きやってね」
　S男はこのとき，養護教諭の顔色を伺いながら途中で何度も，「これでいいのかな？　合ってる？」と尋ねてきました。
養　「あのね，これでいいのかな？　合ってるのかな？は気にしなくていいんだよ。答えを出すまで集中してみようか」
S男「分かった，先生。（しばらく集中して）できた!!　先生，できた！」
養　「答えを確認してごらん」
S男「正解だった，できてたよ」
養　「やっぱりできたね。超簡単だったね。もう，大丈夫だね。教室へ戻りますか？」
S男「ちょっと待って。あと1問だけ一緒にやってください」
養　「分かった。じゃ，次の問題にチャレンジしてみて」
　S男は，問題を読んだあと，手順をブツブツ独り言で確認しながら問題を解きはじめました。
S男「できたよ，先生。答えもちゃんと合ってる。簡単だ。もう分かった。ありがとう」
　本人が「教室へ戻れます」と言うので，教室の前まで付き添って教室へ返

しました。すっかり笑顔を取り戻していました。

> **現場力 アップのポイント**
>
> 　保健室に来室する児童や生徒から「勉強の仕方が分からない」「部活などの技術が上達しない」などの相談が持ち込まれると，「自分は養護教諭だから学習のことや運動や音楽の技術指導はできない」などと考えがちです。
>
> 　しかし，コーチング的アプローチでは，「支援する側がそのことについて専門的知識はなくても，相談者をゴールに導くことができる」というのが大きな特徴です。相談者が，何に困っていて，何を課題としているのか，何を目標としているのかを明確にしたうえで，後は，何をするかどうするかを，自分で考え出せるように言葉かけをしていきます。
>
> 　この事例でも，養護教諭は一切，算数の問題の解き方は教えていないのがお分かりだと思います。しかし，的確な質問によって，相談者は自分で何をすべきかを考えています。こうした関わりをするときに大切なのは，支援する側が「助けてあげなくては」「何とかしてあげよう」という想いを一切捨てることです。この事例の中で，関わる前に養護教諭が「この子は大丈夫」という相手への信頼を心で決めてから関わっているのはそのためです。Chapter 2 でも述べましたが，どんなスキルを使おうが，最終的にその効果を決定付けるのは，支援する側が関わる相手をどう見ているかということだからです。

ケース30 子どもの態度に腹を立てる小5児童の保護者

事例 家でごろごろしている子どもを見ていると，必要以上にイライラして子どもとの関係がうまくいかない，という保護者からの相談を受けました。この保護者はとてもまじめな方で，子育てにも熱心な方です。お話によると，「特に，夕飯をつくっているときに，テレビを見てソファに寝転がっている姿を見ると，ついついそれが気になって，あれこれ注意をしてしまい，子どもたちもそれに対して反抗的な態度をとり，子どもとのコミュニケーションがうまくいかなくなっている」ということでした。

こんな対応

保護者の話の中の「私が小さい頃は，そんなことしたらお母さんにめちゃくちゃ怒られていたんですけどね。私の育て方がまずいからこんなふうにダラダラしてしまうのでしょうか」という言葉に，引っかかりました。まじめな方なので，子どもたちの状況についてご自身を責めていらっしゃるような印象を受けました。また，起きている状況に，ご自身の体験の重なりがあるようにも感じました。

そこで，自分が子どもたちの様子が気になってイライラしている姿をもう一人の自分に客観的に見てもらいながら，アプローチを進めることにしました。

まずは，椅子に座っていただいて，足元に毎日の夕食の支度の時間に起きている状況をミニチュアの3D映画として上映していただきました。

養 「毎日の状況を，その場所から見るとどんなふうに見えますか。自分にかけたい言葉があれば伝えてください」

保護者	「私，料理に集中してないですね。子どもの方ばかりちらちら見て，おかしいです。空気もピリピリしています。ちょっと，私，料理に集中しなさいよ」
養	「お子さんにはどうですか」
保護者	「そんなことしてると，叱られちゃうよ」
養	「誰に叱られるのですか」
保護者	「……私の母親」
養	「子どものころ，叱られたのですか?」
保護者	「いえ，叱られないように母の前では，いつもお利口にしていました」
養	「では，もう一つ椅子を用意します。今度は，お子さんと同じ小学校5年生のときの自分になれる椅子です。ここに座って小学校5年生の自分になったつもりでこの状況を見てみましょう。どんな感じがしますか」
保護者	「お母さんに怒られるよ」
養	「本当は，小学校5年生のご自身も，こんなふうにダラダラしてみたかったのではないですか」
保護者	「そうかもしれません。だから，うらやましかったのでしょうか」
養	「では，小学校5年生の自分をミニチュアにしてこの映画の中のお子さんと一緒に寝転がらせてあげましょう。イメージだから気軽にやってみてください」
保護者	「わぁ。楽です。すごく楽です。これ，やりたかったんです」
養	「では，映画の中の小学校5年生の自分を，今度は大人にしてみてください」
保護者	「あ，空気が変わりました。ピリピリ感がなくなった気がします。そうか，料理終わったら，自分もいっしょにダラダラしちゃえばいいんだ」
養	「できそうですか」
保護者	「楽になりました。ありがとうございます」

　数日後，この保護者からは「自分も子どもと一緒にダラダラする時間をつくったら，子どもたちが素直に言うことをきくようになりました」という連絡をいただきました。

現場力 アップのポイント

　「腹が立つ状況は，ときに自分ができなかったことをやっている人へのうらやましさが起因して怒りになる」と言われています。

　しかし，そのことに人はなかなか気づくことができません。とてもまじめなお母さんなのに，子どもはどうも自由奔放だったりと，真逆という親子がありますが，それはお母さん自身が子どものころにやりたくてもやれなかったことを子どもが見せているということがよくあります。

　しかし，それをストレートに言ってもなかなか受け入れることができません。そうした場合には，イメージを使った感覚的なアプローチが効果的です。

　この事例では，出来事を客観的に見るために，その状況を足元でミニチュア映画として上映することから始めました。これは出来事に対して客観的にみるためで，上から見るという状態をつくっています。この状態から，登場人物に声をかけてもらいます。次に，子どもと同じ小学5年生の自分になってこの状況を見てもらうことで，過去の自分が感じてきたこととリンクさせるようにしました。その結果，自分が小学5年生だったときの感情を思い出してもらいました。

　人間の脳は「イメージと現実の区別がつかない」と言われています。この特性を生かしたアプローチです。

子どもの人間関係について相談にきた小5児童の保護者

 小学校5年生のF子の母親からの相談です。
「うちの子は，少々優柔不断で，友達のG子さんのお誘いを断ることができず，帰宅が遅くなって父親にもきつく叱られました。本人は断れないことで悩んでいるみたいです。親としてどうしたらよいのか相談したい」とのことでした。

こんな対応

お母さんとの最初の面談では，具体的にどんなことが起きているのか，親としてどんな話をしてきたのか，学校に希望することは何かなどを聴くにとどめました。そして保護者には，この件について，養護教諭から学級担任や学年主任にも報告し，どのように対応するかを相談したのちに，再度担任から連絡してもらうという了解を得ました。

学年主任との話し合いでは次のような対応をすることにしました。
・家庭でしてもらうこと，学年や学級として対応することを区別する。
・F子への面談の担当と母親の面談の担当を決める。
・指導方針として，「どんなに友達であっても都合が悪いことは断わってもよいのだ」ということを，しっかりと子どもたち全体への指導として伝える。
・F子への個別面談では，彼女自身がどうしたいのかを聴き，どのようにしていくのかを一緒に考える。

2回目の面談では，以上のような対応をしていくことを，保護者に提示し，了解を得ました。

学級での全体指導の後，F子への個別の面談を養護教諭が行いました。F

子との面談では，最初に今後G子とどうしたいのかを尋ねました。

養　「F子さんは，今後G子さんとの関係をどうしたいの？　今までどおり仲よくしたいの？　それとも，もう離れたいと思っているの？」
F子　「断れないこともあるけど，G子さんは好きだから，これまでも友達でいたい」
養　「そのために，何か必要なことはあるかな」
F子　「昨日，担任の先生が学級の時間にお話ししていたように，自分がちゃんと断ることができること。自分のこうしたいを伝えること」

養護教諭の関わりはここまでで，その後は，学年と担任にバトンタッチし，学年対応となりました。

現場力アップのポイント

　この事例では，保護者が担任ではなく養護教諭に相談にいったことに対して，担任や学年主任への報告の後，学年での話し合いに養護教諭も加えてくださったことによって，スムーズに対応を進めることができました。
　保護者が相談に来たからと，養護教諭だけで相談を進めるのではなく，まずは担任や学年全体との意志疎通をすることが大事です。さらに，役割分担を明確にすること，単に感情を受け止めるだけの関わりではなく，「どういう状態を本人が望んでいるのか」を明確にすることで，共通のゴールが明確になります。このゴール（ここでは，G子のことを好きだからこれまでも友達でいたいというF子の願い）に向かって，学級や学年では何をするか，保健室はどう関わるか，家庭では何をしてもらうのかなどの具体的な対応がそれぞれの立場ではっきりしてきます。
　チームで関わる事例では，特に「共通のゴール設定」をすることが，不可欠です。チームがめざすゴールが共有されていないと，立場の違いから意志の疎通がうまくいかず，支援する側に混乱が起きてしまうからです。

ケース32 登園しぶりの4歳児の相談に来た保護者

> **事例** 「娘が，朝になると登園をしぶったり，言うことを全然きかなくて，ぐずって大変です」と，4歳児クラスのK子のお母さんから登園時に相談がありました。お母さんはK子に「なんか嫌なことでもあるの？」と質問したとのことでした。すると，K子は「Jちゃんが……」と答えたとのことでした。人間関係トラブルでもあるのかと，お母さんはかなり気にしていらっしゃる様子でした。

▶ **こんな対応**

登園時

　保育士から，「おうちでの様子を教えて頂きありがとうございます。最近は，気になるようなトラブルはありませんが，園でも様子を見てみますね」とお返事をしました。
　その後，園でのK子の様子を見ていると，登園時は不安定でしたが，クラスに入るとすぐに落ち着きいつもどおり元気で活発な様子がうかがえました。

降園時

　お母さんには，園での様子をお伝えし，その後，保育士からお母さんに質問してみました。

保育士「ぐずって大変と感じるときはご自身はどんな感じになりますか？」
　　　「お母さんが，特に大変だなぁと感じるのは日常のどんな場面ですか？」
　　　「それは毎日ですか？　ママのお休みの日，お仕事の日とか関係なくでしょうか？」（保護者のお答えを聴きながら，ゆっくり質問しました）
保護者「朝の歯磨きを嫌がったり……あっ，夜も歯磨きを嫌がったりしてます。最近，特にです。でも，この年で歯磨き嫌がる子っているんでしょうか？」
保育士「同じようなお悩みはけっこう聞きますよ」

保護者「へぇ，そうなんですね。(少しほっとした様子) あと寝起きがすごく悪いんです。全然，動いてくれないんです」
保育士「(笑顔で) 園でも寝起きはよい方ではないですね」
保護者「あっ，寝起きが悪いだけかも。気にしすぎだったかも。(声を出して笑いだしました)」
保育士「また，気になることがあったら教えてくださいね。お友達と，ときにはケンカもしますが，楽しそうに一緒に遊んでいますよ」
保護者「私，気にしすぎだったかもしれないですね」
　　　保護者は大笑いし帰宅されました。

現場力 アップのポイント

　心配性の保護者の方からの相談は意外と多いと思います。こちら側から見れば「そんなことで」と思ってしまうようなことも大げさにとらえてしまう方もいます。そのような保護者に対して，あまりにストレートに「心配し過ぎですよ」と言ってしまっては，保護者もなんだか否定された気になってしまいます。

　こうした保護者に対して，状況を具体的に聴いていくことで，少し冷静になられる保護者の方もいらっしゃいます。この事例では，保育士がおうちの様子について質問しているうちに，本当はそれほど大したことではなかったということに，保護者自身が会話の中で気づかれました。

ケース33 多動傾向の2歳児に手を焼く母親

事例 保育園2歳児（7月入園）T男。お母さんから，入園前に自閉症や多動症の傾向があると言われていました。お母さん自身も，そのこともあって，子育てに悩んでいると聞いていました。

徐々に園では落ち着きが出始め，自分でできることも増えてきました。しかし，お母さんが本人に関わると，パニックを起こし，大暴れするということで，母親との関係は，あまり変化がみられませんでした。

ある日の降園時，いつものように靴を履かずに園庭に飛び出してしまい，走り回っているT男にお母さんが手を焼いている様子でした。

保育士が見かねてT男を連れ戻しにいくと，すんなりテラスに戻ってきました。テラスで靴をはくようにうながすと，自分ではこうとするのですが，なかなかスムーズにいかないことにイライラしはじめました。そのうち奇声をあげるのですが，それでも自分ではこうとしていました。しかし，黙って見守る保育士の横で，T男のお母さんが，機関銃のように早口に次から次へとT男に言葉をかけているのが分かりました。

「なんでお母さんの言うことは聞けないの。やればできるってT男。ほら早く。違うでしょー。ほら靴もって。ここだって。こうするんだったでしょ。もうお母さん恥ずかしいじゃん。何回言ったらわかるの。そんなこともできないでどうするの。困るじゃん。みんな見てるって……」

上記のような言葉が休みなく早口で降り注ぐ中，とうとうキィーッという声をあげながらキレテしまったT男は，お母さんの髪の毛をつかみ，眼鏡をぶん投げ，叩いたり蹴ったり大暴れをしてしまいました。

こんな対応

2人を引き離し,泣いているT男を抱き頭をなでながら話をしました。

保育士「お母さん,痛かったね。中学生のお兄ちゃんのときはどうでしたか?」

母親　「お兄ちゃんのときは,私が何にもしなくても勝手にできるようになったので,手がかからなかったんです。だからT男にはどうしたらいいのか全然分からないんです」

保育士「そうでしたか。お母さん,いつも一生懸命にがんばっていらっしゃる姿,見ています。そんながんばる中で,ひょっとしたら,ちょっとT男にとっては口調が早く感じるのかもしれないです。パニックになっているときは,特に相手の言葉は耳に入りづらいでしょうし,やってみようとやる気になったときに一方的に言われ続けると,大人でもしんどく感じますしね」

母親　「そうですね。1人でしゃべりまくってますね,私。ちょっとゆっくり話してみるようにして,本人がやっているときは黙ってみてみます」

T男が落ち着いてきたので,少しだけお手伝いをして一緒に靴をはきました。その間,お母さんは,黙って見守ってくれました。靴をはき終わると,うれしそうなT男にお母さんは,「やったねT男。できるじゃん」と笑顔で優しい言葉をかけてくれました。

現場力 アップのポイント

特別な支援を必要とする子どもを抱える保護者の精神的ストレスは,大変なものだと思われます。この事例では,お母さんのやり方を否定することなく,まずはがんばっていることを認め(想いを受けとめる),そのうえでやり方を変えませんかと提案しています。

人間は,考え方を否定されると感情的になります。しかし,考えていることや想いを認めてもらったうえで,やり方を変えませんかという提案だと素直に聞き入れることができます。「うまくいかない出来事に対し,その人そのものや価値観を否定するのではなく,やり方を変えるという提案」が,脳のしくみに沿っているからです。

ケース34 不登校児童への対応に悩む学級担任

事例 中学校（新採用）から小学校への異動1年目で，初めて学級担任となった若いH先生が，保健室に相談に来られました。不登校児童への校内の連携をどうしたらいいか？ということで悩んでいるという訴えでした。

本人は，「自分は担任なのに，この児童の対応に関して，蚊帳の外のように扱われている。周囲の関係者に勝手に決められている。その周囲から，何でも相談するように言われているが，その人が，陰で同僚の悪口を言っているのを聞いていて，安心して相談できるわけがない。こんな学校に勤めていたくない。異動したい」という訴えでした。

こんな対応

今起きている現象を，すべて「外側の責任」にしていることがとても気になったので，H先生が本当はどうしたいのか，そのためにできることは何なのかと自分自身の問題としてとらえることができるようアプローチを試みました。

養　　「学校をかわったら，問題が解決するのですか？」
H先生「……（無言）」
養　　「たとえ学校をかわっても，また同じような問題が起こると思うのですが，どうでしょうか？」
H先生（泣きながらうなずいている。自覚している様子）
養　　「その児童に対して，どうしたいと願っていますか」
H先生「不登校になっている児童も大切な一人だと認めてあげたい」
養　　「それをすることで得られるものはなんですか？」
H先生「私が，周囲から認められていない……周囲から認めてほしいんです。私は自信がないんです。だから自信をもちたいんです」

養　「本当の問題は何だったのでしょう？」
H先生「自分はもっと認められたいし，自信をもって教師の仕事をしたいのだと思います」

　問題の本質が自分の中にあることに気づいたので，ここから初めて，不登校児童に対する具体的な関わり方について「スモールステップコーチング」（p.117参照）をしました。

　「理想の状態を10点とすると，現時点では何点くらいまでできていますか？」
　「できている点数の内容を具体的に教えてください」
　「10点の状態を具体的に言語化してください」
　「現時点の点数から1点だけ上げるとすると今と何が違いますか？」
　「1点だけ上げるためにまず何から始めますか？」

　スケーリングを使ったコーチングにより，現状を動かすための小さな一歩を決めることができました。

現場力アップのポイント

　悩んでいた若い先生は，「うまくいかない原因探しより，今できることに目を向けることができてすっきりしました」と話していました。

　問題が起こるとついつい，相手が悪い，環境が悪いと他人や周囲のせいにしてしまいたくなるのは，子どもも大人も同じだと思います。相手を変えることはできませんが，自分自身の問題としてとらえることで，「外に求める」意識から「自分ができること」へのシフトが起きます。そして，理想の状態（目標）と，現時点の点数と今できていること（現状の理解），1点上げるためにできること（具体的行動）を問うシンプルなコーチングで，具体的に何をすればよいのかが見えてきます。

　支援する側も，目の前の人に対し，傷ついたかわいそうな人ととらえるのではなく，身近に起きた問題で成長するためのチャンスを迎えたラッキーな人ととらえることで，具体的な行動へと導くアプローチができるようになります。

ケース35　職場での同僚の態度に困っている教師

 事例　同僚の教師から，職場での嫌がらせ行為について，相談を受けました。
　本当は嫌だと思っているのになかなか言えないとのことでした。相手は嫌がらせという認識をもっていないようです。

こんな対応

　嫌がらせをされている，ととらえるのではなく，その行為を引き出し合っている（嫌がる，嫌がらせる）という考え方があることを伝えました。
養　「これまでも，人生の中で，高圧的な人がいたのではないですか？　心当たりはないですか？」
教師「父親です」
養　「他にもいませんでしたか？」
教師「（しばらく考えて）あ！　そういえば，学生の頃付き合っていた人が同じような傾向でした。忘れていました。そうです。そうでした」
養　「その相手（父親，学生時代の恋人）は，嫌なことばかりされましたか？」
教師「そう言われれば，助けてもらっていることも，ありました。父親はもちろんそうですし，恋人のほうも，困ったときにはいろいろ世話をしてくれました。それも共通しています」
養　「あなたは，なんだかんだで　相手に助けてもらっているのだから，嫌なことされても，その代償として我慢しなきゃって無意識に思っていたのではないかと思うんだけどどう？」
教師「（しばらく考えて）そう言われればそうかもしれません。嫌なことされていても，やめて！と言おうとするとどこかで申し訳ないという罪悪感が出てくるのはそのためかもしれないです」

　そこで，養護教諭は，自分自身の状態管理の方法を伝え，何度か練習し，

相手と話をするときはその状態を保って関わることを決めてもらいました。
　状態管理の方法を何度か練習することで，自分の感覚が変わるのを感じたということで，話し終わったときには，「勇気が出た，断れそうだ」と笑顔が見られました。
　それから3週間たち，様子を聞いたところ，自分の状態管理を意識して仕事をしたり，人と関わるようにしたところ，相手は嫌がらせ行為を全くしてくることがなくなり，高圧的な態度もなくなったとのことでした。何か言われたらはっきり断ろう，嫌だと伝えよう，と思っていたが，それさえしなくてもいい状態になりましたと，笑顔で報告してくれました。

現場力アップのポイント

　相談者の中には「こういう傾向の人が苦手」とか「こういうシチュエーションになると気持ちが萎える」という刺激―反応パターンがうかがえる事例があります。多くの場合，過去に，多くは家族関係で，そのパターンを無意識にプログラムとしてもっていることが，現在の他人との関係で反映されることがあります。この無意識のプログラムは，そのまま無意識レベルの相互作用（どんな価値観や内的プログラムをもっているかで無意識に引き合うものがあるという理論）を引き起こします。
　ここで紹介した事例でも，養護教諭がその視点からの確認をしています。その過去の体験そのものを癒す必要はなく，自分のもっているパターンの元となる体験に気づくことが重要です。
　無意識レベルの相互作用では，嫌なことをする相手の行動を引き寄せてしまうのが自分の無意識の価値観であると考えます。相手を変えるためにどうするかではなく，その価値観に気づき手放すこと，これまでと違うやり方にチャレンジしていくことで，相手の反応は違うものになってきます。この事例では，この理論をもとにアドバイスをしています。

付録 実践事例で活用されている用語＆ワーク 全部紹介！

呼吸ペーシング

より深いレベル（無意識レベル）で相手とのラポール（お互いが親密な信頼関係にあること）をつくり出すために，相手と呼吸を合わせる方法です。呼吸の位置，ペース，深さは，思考のスピードや感覚と連動しています。呼吸を合わせることで，人間が無意識にやっていることにペーシング（ペースを合わせること）ができます。言葉はなくても，呼吸を合わせてともにいるだけで，安心の関係が生まれます。

あるあるレンジャーカード

「心のアプローチグッズ」の一つ。NLP心理学の概念から生まれた「自分の中に存在するたくさんの人格について理解を深め，どんな自分も存在してもよいのだという感覚を育てるツール」です。

自分の中にあるたくさんの自分という概念を，低学年の子どもにも理解しやすいように「レンジャー」として登場させ，自己理解を深めるために活用したり，どんな自分も必要な自分であること，そして自分の特性の一つとして認めるためのきっかけとして活用されています。保健室登校の子どもたちの内面理解として使われることが多いのですが，子どもたちの様々な悩みに対しても現場で応用的に使われています。

質問カード

現場での子どもたちとの関わりの経験から生まれた「心のアプローチグッズ」の一つ。質問が書かれたカードを，子どもたちが自分で選んで引くことで，自分の問題について，自分で考え始めるカードです。

何かを解決するのではなく，自ら考え始めるためのツールとして，成果を上げています。来室しても，自分の問題について話したがらない子どもにも有効。大人が質問するより，抵抗なく自分の考えていることを素直に口にすることができるということで，全国の保健室や適応指導教室等で活用されています。1枚ごとに引いては戻し，5枚引きます。無意識の特性や脳科学の理論を活用したこのカードは，ランダムに引いたのに，その質問がつながったり，同じカードを何度も引いたりします。

人生の魔法カード

「心のアプローチグッズ」の一つ。子どもたちの毎日を変えてくれる魔法のグッズを描いた楽しいカードです。

「自分の毎日を変えてくれそうな道具はどれ？」という，子どもたちがワクワクしそうな問いかけから入ります。保健室でのアプローチでは，話のきっかけづくりに多く使われていますが，教育相談週間などで子どもの内面理解のためにも活用されています。子どもが選んだカードをもとに，その子が今，気がかりなことや興味があることなどを，想像以上に話し出してくれます。

未来の椅子

ＮＬＰのワークを，教育用にアレンジした保健室コーチングのワークです。

現在の椅子と未来の椅子（すでに願いを達成した自分の位置）を用意して，２メートルくらい離し，対面させて置き，移動するワークです。「うまくいかない現在」の位置だけで問題を考えていると，「無理，できない」という思考しかわいてきません。しかし，すでに達成した未来を設定し，そこに移動し，達成した未来を体験することで，「無理」を「できるかも」に変化させることができます。

スモールステップコーチング （p.33〜参照）

保健室コーチグの目標達成のためのワンシートでできるワーク。1回の面談が10分程度，1シートででき，面談の記録として活用できます。継続的な指導でも，子どもたちの変化も残しておくことができます。肥満児指導，学習指導にも活用できます。

最悪の状態を０点。理想の状態を10点として，現在の自分の状態は何点だろうか？　できていることは何か？　1点だけ上げるために何をするか？を，子どもたち自身が考えるためのアプローチができます。問題ではなく，解決や進歩，成長に目を向けさせることができます。

ふみふみフレーミング

Ｓ（Symptom）…現状　　Ｃ（Cause）…原因　　Ｏ（Outcome）…理想の状態　Ｒ（Resource）…リソース（資源，活用できる能力，人間関係，協力してくれる人，使える道具，過去の体験など）　　Ｅ（Effect）…影響（目標達成後の結果）の４つのスペースを作り，相談者が実際に移動して一つ一つのスペースの前に立ち，

コーチの質問に答えていくワーク。複数回繰り返しながら徐々に問題の本質に気づきます。

座って話をしているだけでは，こうした5つの視点がごちゃごちゃになってしまうことがありますが，この方法では，1つのスペースで1つの質問を受けることで，自分の悩みを短時間で整理できます。表面的に「問題だ」と思っていたことも，「実はそれほどの問題ではなかった」「人のせいだと思っていたが自分のとらえ方の方を変えればよいと気づいた」などの気づきが起きます。自分が問題だ，大変だと思っていたことに関しても，リフレーミング（これまでと違うとらえ方）を起こすことがきます。質問もシンプルなので，小学校低学年でも取り組めます。

ポジションチェンジ

もともとはNLPのスキルの一つで，保健室コーチングでは教育的に扱っているワークです。

第1ポジション（自分の視点），第2ポジション（相手の視点），第3ポジション（第三者の視点）の3つの視点をつくり，実際に体を移動させて，その立場から同じ状況について体験します。頭で考えているだけでは，見つけることができない深い気づきが得られます。「相手の立場になる」を深いレベルで体感できるワークです。頭で考えているときは，自分の体験や経験，思考パターンの中でしか想像できないのですが，実際に場所を移動しながら体験することで，思いもよらなかった視点に気づくことができます。気づくだけで，出来事に対する意味付けに変化が起き，結果として，感情に変化が起きてきます。

スタジアムビューイング

過去の出来事や気になっていること，問題の状況に入り込んで，臨場感たっぷりに感じている状態（アソシエイト状態）では，視点が主観的であり，負の感情や不快な感覚と同一化してしまい，解決のための視点に至ることができません。

そこで，出来事や問題ではなく，感じている感覚を移動しながら，少しずつ，脱ぎ捨てていくワークです。一歩，体を移動させ

るたびに「負の感情」や「不快な感覚」「それを感じている自分」をイメージで脱ぎ捨てながら移動します（これによって同一化した感覚から少しずつ客観性をもった視点が出てくる＝ディソシエイト）。

最後は，椅子の上に上がって，最初の位置で落ち込んでいる自分自身に向かって声をかけます。椅子に上がった時点で，多くの相談者にリフレーミング（これまでと違うとらえ方）が起きている。「答えはその人の中にある」というのは，客観的な視点をもって（ディソシエイトした状態）に導いで初めてできるものです。

何も話さない，話したくない，表現できない子どもでも，短時間で感覚的なリフレーミングを起こす保健室コーチングの手法です。

4つの椅子

まずは椅子を4つ用意します。

用意した4つの椅子を丸く並べて，気になっている出来事を，少し離れた場所から3D映画にして真ん中で上映します（イメージで見る）。

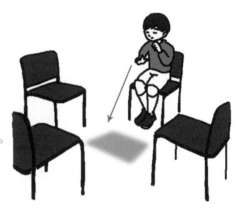

4つの椅子の立場を設定します。例えば，「10年後の自分」「尊敬する人」「トラブルの相手」「担任の先生」など。設定した椅子に座ってその人になりきって，出来事の見え方，意味付けが変わるのを感じ，リフレーミングを起こす保健室コーチングのワークです。

出来事に対する意味付けを自分の思考パターンや価値観で見ている状態から，様々な視点を体験することで，意味付けを変えることができます。ごっこ遊びのように行えるので，小学校低学年でもできる楽しいワークです。

未来へのタイムライン

タイムラインとは，その人がもっている独自の時間の流れです。無意識にもっている時間の道を活用して，視点を変え，未来の状態を体験したり，未来の視点から今の自分自身を客観的にみたりするのに使います。実際に現在と未来の場所を設定して，その道筋を歩くことで，脳（潜在意識）は本当に時間がたったと感じるというNLPの概念を活用したワークです。

【著者紹介】

桑原　規歌（くわはら　のりか）

昭和36年，島根県生まれ。本名：桑原朱美。
愛知教育大学卒業後，25年間愛知県の小中学校の養護教諭として勤務。荒れた中学校での子どもたちとの対応で，受容と共感というカウンセリング的手法だけでは，子どもたちが未来に向かう行動化につながらないと悶々としているころ，ＮＬＰ心理学と出会う。２年かけて上級資格を取得し，どんな手法やスキルより「一人の人間としてのあり方」が　子どもたちに与える影響の大きさを実感。脳科学にもとづいた概念を活用したアプローチを現場で実践，検証し，「保健室コーチング」としてコンテンツ化。全国の養護教諭に伝えたいと，平成20年３月，独立の道を選択。
現在，株式会社ハートマッスルトレーニングジム代表として，講演や研修で全国を飛び回っている。自社開発の「心のアプローチグッズ」は，全国の教育関係者が活用，成果を上げている。
〈著書〉『十代の君たちにおくる保健室特別セラピー』（単著，北辰堂出版），『養護教諭のためのメディアリテラシーによる健康学習』（編著，学事出版），『ゲームで保健の授業！』（共著，東山書房），『ワークショップで保健の授業！』（共著，東山書房）
〈主なテレビ出演〉フジテレビ「教師1000人に聞きました」，日本テレビ「日テレフォーラム」，中京テレビ「中学生フォーラム」，東海テレビ「報道原人」，ＮＨＫ東海北陸「さらさらサラダ」（不定期で「親学」を担当）

保健室コーチングに学ぶ！養護教諭の「現場力」
――「癒しの場」を「教育の場」にチェンジする35の事例――

2015年３月初版第１刷刊　Ⓒ著　者		桑　原　規　歌
2021年７月初版第８刷刊　　発行者		藤　原　久　雄
発行所		明治図書出版株式会社
		http://www.meijitosho.co.jp
		（企画・校正）木村　悠
	〒114-0023	東京都北区滝野川7-46-1
	振替00160-5-151318	電話03(5907)6703
	ご注文窓口	電話03(5907)6668
＊検印省略	組版所	長　野　印　刷　商　工　株式会社

本書の無断コピーは，著作権・出版権にふれます。ご注意ください。

Printed in Japan　　　　　　　　　ISBN978-4-18-177739-5